FACULTÉ DE DROIT DE BORDEAUX

LES
ÉLECTIONS POLITIQUES

SOUS LA

RÉPUBLIQUE ROMAINE

THÈSE POUR LE DOCTORAT

SOUTENUE LE 15 FÉVRIER 1896

à deux heures et demie du soir

PAR

MARCEL MOYE

Avocat à la Cour d'Appel

Lauréat de la Faculté de Droit

et de la Société des Amis de l'Université de Bordeaux

BORDEAUX

IMPRIMERIE GAGNEBIN

72, Rue du Pas-St-Georges, 72

1896

THÈSE
POUR LE DOCTORAT

FACULTÉ DE DROIT DE BORDEAUX

MM. BAUDRY-LACANTINERIE, ✳, ☉ I., doyen, professeur de *Droit civil.*

SAIGNAT, ☉ I., assesseur du doyen, professeur de *Droit civil.*

BARCKHAUSEN, O. ✳, ☉ I., professeur de *Droit adminis-tratif.*

DE LOYNES, ☉ I., professeur de *Droit civil.*

VIGNEAUX, ☉ I., professeur *d'Histoire de droit.*

LE COQ, ✳, ☉ I., professeur de *Procédure civile.*

LEVILLAIN, ☉ I., professeur de *Droit commercial.*

MARANDOUT; ☉ I., professeur de *Droit criminel.*

DESPAGNET, ☉ I., professeur de *Droit international public,* chargé du cours de *Droit international privé.*

MONNIER, ☉ I., professeur de *Droit romain.*

SAINT-MARC, ☉ I., professeur *d'Economie politique,* chargé du cours de *Législation industrielle.*

DUGUIT, ☉ A., professeur de *Droit constitutionnel et administratif.*

DE BOECK, ☉, A., professeur de *Droit ronain.*

DIDIER, ☉ A., professeur-adjoint, chargé des cours de *Législation financière* de *Législation coloniale* et *d'Economi e politique.*

MM. SIGUIER, ☉ A., *secrétaire.*

PLATON, ☉ A., ancien élève de l'École des Hautes-Études, *sous-bibliothécaire*

CAZADE, *commis au Secrétariat.*

COMMISSION DE LA THÈSE

MM. MONNIER, professeur, *président.*

DE BOECK, professeur.   ⎫
DIDIER, professeur-adjoint.   ⎭ *suffragants*

FACULTÉ DE DROIT DE BORDEAUX

LES
ÉLECTIONS POLITIQUES

SOUS LA

RÉPUBLIQUE ROMAINE

THÈSE POUR LE DOCTORAT

SOUTENUE LE 15 FÉVRIER 1896

à deux heures et demie du soir

PAR

MARCEL MOYE

Avocat à la Cour d'Appel

Lauréat de la Faculté de Droit

et de la Société des Amis de l'Université de Bordeaux

BORDEAUX

IMPRIMERIE GAGNEBIN

72, Rue du Pas-St-Georges, 72

1896

MEIS ET AMICIS

BIBLIOGRAPHIE

ACCARIAS, *Précis de droit romain*, Paris, 4e édition, 1886.

AMPÈRE, *Histoire Romaine à Rome*, Paris 1862.

BELOT, *Histoire des chevaliers Romains*, Paris, 1866-73.

BOUCHÉ-LECLERCQ, *Manuel des institutions romaines*, Paris, 1886.

BOUCHAUD, *Recherches sur la loi Julia de ambitu*. *Mémoires de l'Académie des inscriptions*, Paris, 1877, tome XXXIX, p. 382.

BRUNS, *Fontes Juris antiqui Romani*. 6me édit. *Fribourg*, 1887.

CUQ, *Les institutions juridiques des Romains*, Paris 1891.

DAREMBERG ET SAGLIO, *Dictionnaire des antiquités grecques et romaines*, Paris, 1887.

DESJARDINS (Arthur), *Les Devoirs. Essai sur la morale de Cicéron*, Paris, 1893.

DEZOBRY, *Rome au siècle d'Auguste*, 4 édit., Paris, 1874.

DURUY, *Histoire des Romains*, Paris, 1870-79.

FUSTEL DE COULANGES, *La cité antique*, 8 édit., Paris, 1880.

Labatut, *La Corruption électorale chez les Romains*, Castres, 1874.

Madvig, *L'Etat Romain. Sa constitution, son administration*, Trad., par Morel, Paris, 1882-89.

Mispoulet, *Les Institutions politiques des Romains*, Paris, 1883.

Mommsen et Marquardt, *Manuel des antiquités romaines. Le Droit public*, Trad., par Girard, Paris, 1889-91.

Mommsen, *Histoire Romaine*, trad. par Alexandre, Paris, 1863.

Mommsen, *De collegiis et sodaliciis Romanorum*, Kiliæ, 1843.

Niebuhr, *Histoire romaine*, Trad. par Gollery, Paris, 1830.

Ortolan, *Histoire de la législation romaine*, 12 édit., Paris, 1884.

Pothier, *Pandectæ Justinianæ*, Paris, 1825.

Iehring, *L'Esprit du droit romain*, trad. par Meulenaëre, Paris, 1886.

Willems, *Le Droit public romain*, 5 édit. Paris, 1888.

ELECTIONS POLITIQUES

Sous la République Romaine

INTRODUCTION

Le droit public romain est une branche de la science juridique quelque peu négligée en France et qui a inspiré jusqu'ici bien peu de savants et de jurisconsultes de notre pays. Tandis que les érudits allemands, nos maîtres en l'étude des lois anciennes, ont puissamment mis en lumière les antiquités politiques romaines et essayé de reconstituer en son organisation savante et compliquée le gouvernement de Rome, cette étude semble être chez nous l'objet d'un dédain aussi immérité que dangereux : immérité, parce que là comme ailleurs, libre carrière est ouverte aux travailleurs; dangereux, parce que la connaissance des institutions de Rome est nécessaire pour comprendre complètement les auteurs anciens.

Anssi bien n'avons-nous guère de noms à opposer sur ce terrain aux sommités qui se sont illustrées dans ces études politiques rétrospectives : Nieburh, Lange, Marquardt, Mommsen, Madvig, pour n'en citer que quelques-uns.

Il nous est douloureux, nous l'avouons, de voir nos programmes universitaires presque muets sur l'étude des constitutions de l'antiquité, de celle de Rome en particulier. Pour ce qui est plus spécialement de l'enseignement des Facultés de Droit, nous voyons le droit public visé comme à regret et bien incidemment sous la rubrique par trop générale : Histoire du Droit romain ; il nous paraît y avoir là une lacune, un oubli regrettable. On nous objectera peut-être que c'est là empiéter sur le domaine de l'histoire pure, et remuer sans profit les cendres d'un monde mort. Nous croyons au contraire que c'est une étrange et funeste contradiction que de poursuivre avec ardeur et profit les études du droit privé romain, tout en tenant pour secondaire et presque nulle l'histoire politique qui se rattache à ce droit. Il y a là un manque d'harmonie, un défaut de concordance entre les deux parties d'une même science : la connaissance des institutions juridiques des Romains.

Est-il d'abord vrai de dire que le droit public romain renferme des questions étrangères aux jurisconsultes? Peut-on penser connaître complètement le droit privé, sans y joindre l'étude des institutions politiques correspondantes? Evidemment non, et c'est un lieu commun que de rappeler l'union des diverses parties du droit d'un peuple, la pénétration, l'influence réciproque qu'on retrouve tonjours entre la loi civile et la constitution sociale à une même époque. Mais cette considération s'applique avec une force toute particulière au Droit romain, car nombreuses y sont les lois qui procèdent visiblement de préoccupations politiques; qu'il nous suffise de citer à titre d'exemple : les lois Voconia, Julia Norbana, Ælia Sentia, les lois caducaires et bien d'autres encore, lois pour lesquelles l'intérêt de l'Etat ou d'un parti est le seul guide du législateur qui les a édictées.

De même encore la puissance paternelle ne peut être comprise quant à son organisation qu'en se plaçant à un point de vue religieux et social. Nous pourrions en dire autant du fond même de la législation romaine : à savoir du *jus civitatis*, car l'organisation du droit de cité touche davantage au droit public qu'au droit privé; le *jus civitatis* a en effet subi bien de vicissitudes suivant les fluctuations politiques et les préoccupations du moment. C'en est assez pour démontrer s'il en était besoin, que l'étude du droit public romain est un complément indispensable de celle du droit privé, et de celle de l'histoire et de la littérature

Mais l'étude de la constitution romaine est encore bien plus utile à approfondir en elle-même, c'est d'elle en effet que procèdent les sources mêmes de la législation; et bien souvent un texte obscur au premier abord s'éclairera d'une vive lumière en le rapprochant des mœurs contemporaines. Quand on lit en effet le mot de *lex*, de *plebiscitum*, trop souvent ils n'éveillent en l'esprit qu'une idée confuse, parce qu'on ne sait trop au juste ce qu'ils expriment; combien ils prennent plus de précision par la connaissance de leur signification propre et des conditions dans lesquelles ces actes législatifs sont intervenus. Nous comprenons alors pourquoi les lois rendues dans les comices centuriates dominés par les riches et l'aristocratie, sont toujours plus étroites et moins libérales que les plébiscites, votés en ces comices tributes où tout le peuple est assemblé, sans distinction d'âge ou de caste. Nous pourrions même dire qu'il nous paraît difficile de bien pénétrer l'esprit et le fonctionnement des lois portées pendant la période républicaine, si on ne connaît avec une précision suffisamment grande l'organisation des comices législatifs à cette époque et aussi celles des magistratures préposées à l'exécution des lois.

Une source importante du droit romain est l'édit du préteur, et le simple énoncé de ce fait est encore une preuve de la nécessité de l'étude du pouvoir politique. C'est se créer des obscurités à plaisir que de ne pas connaître le fonctionnement de cette institution. On enseigne l'organisation de la magistrature française comme une introduction obligée à l'étude du droit français, pourquoi donc ne pas chercher à s'entourer de renseignements sur les juges à Rome? Il n'est pas sans intérêt de savoir exactement comment et par qui étaient nommés les préteurs, d'où leur venait leur pouvoir et pourquoi ils étaient amenés à faire usage du *jus édicendi*. Leurs édits qui ont tant contribué au développement de la législation romaine, nous apparaissent alors, au moins sous la République, avec un caractère tout spécial; ce sont de véritables professions de foi, les résolutions d'un magistrat élu pour rendre la justice et qui dès son entrée en charge, annonce à ses électeurs comment il entend remplir la mission qu'ils lui ont confiée.

Il ne faudrait pas croire d'ailleurs que le Droit public romain ne doive être envisagé que comme un accessoire du Droit privé; son étude en elle-même est encore digne d'attirer l'attention du jurisconsulte à divers points de vue. De même qu'à côté de la législation civile française, une part importante est faite dans nos Facultés à l'étude du droit constitutionnel, de même il est bon de jeter un coup d'œil sur les institutions politiques de l'ancienne Rome. Il y a là des mœurs spéciales fort intéressantes à étudier au point de vue sociologique et souvent pleines d'enseignements pour le penseur. L'esprit de la Constitution romaine a été bien longtemps méconnu et encore aujourd'hui, malgré les admirables travaux qui se publient chaque jour, une certaine obscurité règne encore; parce que trop souvent nous ne voyons que l'enveloppe, la forme extérieure des institutions et que les dessous d'une des vies politiques les plus intenses qui aient existé échappent à nos investigations. Il y a là un champ d'études des plus fécond et ouvert à tous.

A l'heure où les plus graves problèmes sociaux s'agitent autour de nous, nous devons penser que l'Etat romain a connu, lui aussi, ces questions d'une complexité troublante. Ce n'est pas faire œuvre vaine que d'écouter les enseignements de

l'histoire et de chercher à voir comment les
difficultés économiques ont été résolues dans une
civilisation qui mérite plus qu'aucune autre notre
admiration et notre respect, parce que son influence s'est perpétuée, indéracinable, sur le sol
de la vieille Gaule depuis le jour de la conquête
par les soldats de César.

Rome n'a pas ignoré les luttes sociales, son
forum a souvent retenti des réclamations de la
foule toujours inépuisable des malheureux, et
jusqu'à l'Empire son histoire intérieure est celle
d'une aristocratie orgueilleuse luttant pied à pied
contre le flot montant du prolétariat; luttes ardentes de plusieurs siècles, car si le peuple romain
a su, comme on l'a dit, vaincre le monde par
sa discipline énergique et ferme, ses victoires
extérieures ne faisaient que rendre plus aigre le
conflit des riches et des pauvres, qui est au fond
le grand facteur de l'évolution politique romaine.
On peut s'indigner dans nos sociétés modernes, des
entraves qui empêchaient à Rome la libre expan-
sion de l'idée démocratique; mais les Romains,
à ce sujet, ne raisonnaient pas comme nous; ils
pensaient que plus le peuple est le maître, plus
il faut prendre de précautions contre ses erreurs
et que, s'il lui est trop facile d'abuser de son
immense pouvoir, il ne tarde pas à succomber à
la tentation et il arrive fatalement à perdre jusqu'à sa liberté. Aussi bien les vieux Romains
n'avaient peut-être pas tort et nous pouvons encore
écouter leurs profitables leçons, car l'évènement
leur a donné raison et, malgré les crises inté-
rieures et extérieures les plus redoutables, la

république romaine, est de toutes les républiques connues, celle qui a duré le plus long espace de temps : cinq siècles.

Ce ne peut donc être qu'avec profit qu'on entreprend l'étude des institutions politiques de Rome et sous l'empire de ces considérations et d'autres encore, nous venons aujourd'hui apporter notre pierre à l'édifice commun. Il nous a paru intéressant en même temps qu'utile, d'essayer de synthétiser les opinions et les travaux qui se sont fait jour jusqu'à aujourd'hui sur l'élection des magistrats. Comment les Romains ont-ils résolu ces questions d'électorat, de candidatures, de vote et aussi de corruption qui accompagnent malheureusement trop souvent l'application du système électif? Comment élisaient-ils leurs magistrats, par quels services ou quelles promesses arrivait-on chez eux à obtenir les suffrages de la foule, quels abus, quels périls étaient nés de ces compétitions ardentes et comment cherchait-on à s'en garantir? Ce sont là des questions pleines d'intérêt et toujours actuelles; car même en ne faisant aucune allusion aux événements des temps contemporains, même en se transportant dans l'antiquité et en y demeurant, on ne peut s'empêcher de penser parfois au présent, et de désirer profiter de l'expérience du passé. Nous sommes encore bien peu instruits sur tous ces points et nous pouvons sans fausse honte, chercher des enseignements auprès de nos devanciers; d'autant plus que si les hommes passent, la nature humaine demeure et, malgré les siècles écoulés, l'élection moderne a encore bien des points de contact avec les antiques comices du peuple romain. Ne nous enorgueillissons pas de notre science politique; après tout, elle est faible en comparaison de celle que possédaient ceux qui luttaient au forum, patriciens, sénateurs et tribuns du peuple, dans le seul but; au moins durant de longues années, de fortifier la patrie commune.

Notre travail porte à peu près [exclusivement sur l'époque de la République. C'est la période qui nous a paru la plus intéressante, car à plusieurs reprises, la constitution républicaine a été prise comme modèle et on a vanté les bases sur lesquelles elle reposait. Il est vrai que ceux qui la prônaient alors n'en comprenaient nullement l'esprit, mais même considérée en elle-même, cette constitution mérite toute notre attention.

Nous n'avons pas porté nos investigations sur l'époque royale, trop éloignée et trop peu connue, et pour laquelle l'histoire se confond avec la légende; ni sur l'Empire, où les élections n'existent plus guère et ont été au surplus étudiées dans les divers travaux qui se sont fait jour sur cette période.

L'ère de la République romaine n'est pas encore l'époque classique du droit privé, mais c'est celle de l'évolution et de l'épanouissement des institutions politiques et des luttes sociales. Serrant de plus près ce qui est au fond la philosophie de notre sujet : la lutte de la République contre les multiples causes de dissolution qui en devaient avoir raison, nous avons surtout étudié ce qui se rapportait au dernier siècle : à l'époque des Catilina et des Clodius, ces descendants de l'orgueil

patricien, qui fanatisaient la plèbe romaine; à
l'époque aussi où aux bandits de la tribu Palatine,
à ces spadassins de carrefours enrégimentés par
les nobles, à ces Lentidius, ces Plaguléius, à ces
votants qui se trouvaient les premiers au Forum,
parce qu'ils y passaient la nuit, Cicéron essayait
d'opposer la vieille plèbe des champs, ces Romains
des municipes et des tribus rustiques.

Opposition honnête, mais impuissante! Chaque
conquête diminuant le nombre des propriétaires,
pour accroître celui des affranchis. — C'est l'époque féconde entre toutes en enseignements, où
Cicéron combattait en Catilina et Clodius, non les
chefs de la plèbe, mais les instigateurs du vieux
parti syllanien, composé de patriciens ruinés, de
soldats libérés, de gens sans aveu encombrant
les tribus urbaines, infestant le pavé de Rome,
ramas de soldatesque et de populace toujours au
service et aux gages de l'aristocratie. Le vrai
peuple romain, c'était bien plutôt cette plèbe
rustique, qui avait rappelé Cicéron de l'exil, désertant comme il le dit lui-même, non les échoppes
du Palatin et du quartier de Suburre, mais les
municipes du pays des Volsques et des Sabins.

Nous ne craignons pas d'avouer d'ailleurs que
ce n'est pas sans un vif attrait que nous avons
cherché à reconstituer un instant cette vie passée,
ce forum rempli de citoyens où le candidat pro-
mène son sourire de commande, ce Champs de
Mars où le peuple donnait à Rome deux consuls,
à bien des peuples deux maîtres. Nous avons pris
plaisir à scruter dans ses détails intimes la vie
politique romaine et à travers les particularités

propres au génie de ce peuple, nous avons senti bien des lois générales se perpétuant à travers les âges, bien des rapprochements à faire avec nos mœurs modernes, bien des enseignements à tirer pour nous-mêmes.

Un mot maintenant du plan que nous avons adopté; après quelques pages sur la notion de la cité romaine, nous avons étudié les causes d'incapacité électorale et leur constatation au moyen du recensement du peuple, puis nous nous sommes occupés des groupements où se répartissaient les votants pour terminer une première partie en quelque sorte analytique de notre sujet par un rapide exposé des règles de l'éligibilité. Puis passant de la théorie à la pratique, et essayant de faire vivre et agir les acteurs de la scène politique, nous les avons vu prodiguant leurs caresses pour capter la foule, les citoyens venant apporter leur suffrage, et malheureusement aussi la fin de notre étude a été celle de la brigue corruptrice amenant la disparition des comices au milieu d'une dépravation générale des mœurs publiques.

En un mot, nous avons toujours essayé de pénétrer plus profondément dans l'analyse du caractère romain et nous nous sommes imbus de cette vérité souvent méconnue qu'il y a toujours quelque profit à tirer de l'étude des lois et des institutions d'un des plus grands peuples qui ait jamais paru sur la scène du monde.

CHAPITRE PREMIER

A Rome, toutes les personnes sont libres ou esclaves (1) ; les personnes libres se subdivisent elles-mêmes en citoyens et non-citoyens, *cives et non-cives Romani.* Cette division est fondamentale en matière de droit public romain.

Les droits politiques, en effet, et notamment ceux qui consistent en une participation à la souveraineté, comme le *jus suffragii,* ou droit de figurer dans les comices; et le *jus honorum,* ou droit de solliciter et d'exercer les diverses magistratures, n'appartiennent qu'à ceux qui sont investis du droit de cité romaine (*Civitas Romana ou jus civitatis*).

Au début, donc, d'une étude sur les élections, il convient de rechercher quels sont ceux qui sont

---

(1) Inst., pr., *De jur. pers.,* i, 3.

susceptibles d'y prendre part à titre d'électeurs ou d'éligibles, quelles personnes par conséquent sont citoyens Romains.

En d'autres termes, il nous faut savoir comment s'acquiert et comment se perd le *jus civitatis*.

Acquisition du jus civitatis.

La nationalité romaine peut résulter soit de la naissance, soit d'un fait postérieur. On naît citoyen romain, ou on le devient : par naturalisation, s'il s'agit d'un homme libre, par affranchissement, s'il s'agit d'un esclave.

Naissance. — La situation d'un enfant nouveau-né est réglée par une formule bien connue : *Connubio interveniente, liberi semper patrem sequuntur, non interveniente connubio, matris conditioni accedunt* (1). On sait, d'ailleurs, que la condition du père s'envisage au moment de la conception et celle de la mère au moment de la naissance, au moins jusqu'à la loi Mensia. Ainsi, à titre d'exemple, naît Romain l'enfant conçu *ex justis nuptiis* par une femme Romaine, qui est devenue *peregrina* au moment de l'accouchement (2).

Naturalisation. — Les hommes libres n'acquièrent le droit de cité romaine que par une concession formelle *(civitatis donatio)* émanant en principe du peuple *(jussu populi)* (3).

Sous la République, un magistrat ne peut valablement conférer le droit de cité que s'il a été

____

(1) Ulp. V. § 8.
(2) Gaius. I § 90.
(3) Liv. IV. 4.

spécialement autorisé à cet effet par une loi spéciale, ou si la collation de la *civitas* a été ratifiée
par un vote postérieur du peuple ou du sénat.

« Jamais, dit Cicéron (1), nos ancêtres n'ont
» interrompu l'usage établi par Romulus de donner
» libéralement le droit de cité aux étrangers.
» Beaucoup de Latins de Tusculum, de Lanuvium
» furent admis à y participer et l'on accueillit
» même des races tout entières, appartenant à
» d'autres nations, comme aux Sabins, aux Vols-
» ques et aux Herniques. »

Au début de la République, le droit de cité est
conféré par le Sénat, chargé du règlement des
affaires extérieures et agissant sur la *rogatio* d'un
magistrat *in imperio*, puis plus tard d'un tribun (2).
Mais, de bonne heure, les comices tributes empié-
tèrent sur les attributions de l'assemblée sénatoriale.
A partir du Vme siècle de Rome, on voit que le
droit de cité n'émane plus d'un simple sénatus-
consulte, mais doit être confirmé par un plébiscite (3). Il advint même un moment où les plébiscites
seuls suffirent (4). Puis le peuple, inaugurant déjà
la politique qui devait aboutir à l'Empire, se démet
de ses pouvoirs en faveur des généraux qui lui
plaisent, leur concédant par pure faveur ou à titre
de récompense, le droit de créer un certain nombre
de nouveaux citoyens.

Ainsi le tribun Apuleius Saturninus fit rendre

---

(1) Cic., *pro Balbo*, XIII.
(2) Liv., VIII; 14.
(3) Liv., VIII, 17, 21; XXIII, 31; XXVII, 5. — Cic., *pro Balbo*, XXIV.
(4) Liv., XXXVIII, 36.

par le peuple une loi autorisant Marius à créer
trois nouveaux *cives Romani* dans chacune des
colonies qu'il devait établir (1).

En 72 av. J.-C. (682, U. C.), une loi Gellia- Cornelia donne un pouvoir encore plus étendu à
Pompée, en l'obligeant à ne prendre que l'avis de
son conseil pour créer un nouveau citoyen (2).

Ont été de la sorte, faits en Espagne *cives
Romani* le grand-père de l'historien Trogue-
Pompée (3) et Cornelius Balbus qui dut recourir à
l'éloquence de Cicéron pour défendre son nouveau
titre.

De même encore le pouvoir dictatorial de Sylla
et celui de César pour la Gaule Transpadane et
Cadix, leur permirent d'admettre bon nombre de
pérégrins au droit de cité.

A la suite de l'anarchie intérieure de Rome,
excités à la révolte déjà en 125 av. J.-C. par le
consul M. Fulvius Flaccus (4), puis en 91, par le
tribun M. Livius Drusus et après la sanglante lutte
qui s'appelle la guerre sociale, les Italiques forcè-
rent les portes de la cité, quoique vaincus et
obtinrent en 90 av. J.-C. (664 U. C.), sous le
consulat de L. Julius Cœsar, le droit de cité et le
jus suffragii (Loi Julia) : « *Civitas universo Latio
lege Julia data est* » dit Aulu-Gelle (IV, 4, § 3).

Quelque temps après, en 89, la loi Plautia-
Papiria (du nom des deux tribuns du peuple qui la
proposèrent) admettait au bénéfice du *jus civitatis*

---

(1) Cic., *pro Balbo*, 21.
(2) Cic., ibid. 8 — C. Liv., VIII, 14.
(3) Justin, XLIII, 5.
(4) Val. Max, II, 5, 1.

les étrangers qui avaient reçu la naturalisation *pro honore* dans une cité italique, si toutefois ils résidaient à Rome lors de la promulgation de la loi et s'ils s'inscrivaient dans les quatre-vingt-dix jours chez le préteur.

La concession du droit de cité peut être faite à titre individuel ou collectif, Elle peut s'appliquer d'abord à un individu déterminé (*sigillitim, viritim*) (1), elle n'est alors valable pour la femme et les enfants que si ces personnes ont été comprises dans la demande et l'acte de concession. Elle peut aussi être conférée à des citées entières. (2) Dans les deux cas, elle peut être complète ou incomplète, privée alors notamment du droit de suffrage, comme nous le verrons plus loin. (*civitas cum aut sine suffragio*) (3).

A côté de la naturalisation concédée à titre de faveur, il existe, une naturalisation acquise de droit au profit de certains individus.

Des Latins (*Latini veteres* et très probab'ement les *Latini colonarii*) acquièrent de plein droit la cité romaine dans les trois cas suivants :

1° Lorsqu'ils s'établissent à Rome en laissant un ou plusieurs descendants dans leur patrie d'origine (*stirpem ex sese domi relinquerent* (4);

2· Lorsqu'ils ont exercé une magistrature annuelle dans une ville latine (5).

3· Lorsqu'ils ont accusé et fait condamner comme

---

(1) Cic., *pro Balbo*, 8 — Liv. III, 29).

(2) Liv., VIII. 17, 21.

(3) Vell. Paterc., I, 14. — Aul.-Gell, XVI, 13.

(4) Liv., XLI, 8.

(5) App., De bell., civ., 11, 26.

concussionnaire un magistrat romain, ainsi que le décide une *lex Servilia repetundarum*, (1) rendue en 111 av. J.-C. (643, U. C.) et dont le bénéfice s'étendait à la femme et aux enfants du Latin et peut-être aussi aux pérégrins.

Affranchissement. — On devient encore citoyen romain par un affranchissement régulier, émané d'un *civis Romanus* et fait dans les formes légales (vindicte, cens et testament) qui seules, ainsi que le remarque Cicéron dans ses topiques, (2) avaient le pouvoir de conférer le *jus civitatis*. Leur étude appartient d'ailleurs au droit civil.

Au surplus, la capacité électorale des *libertini* qu'on oppose aux *ingenui*, (3) soulève des difficultés spéciales que nous exposerons plus loin (4).

Perte du droit de cité. — De même que le *jus civitatis* peut s'acquérir par un fait postérieur à la naissance, de même il se peut perdre dans plusieurs cas.

La perte du droit de cité peut être volontaire ou forcée ; Cicéron pose bien comme principe que nul ne perd malgré soi la cité romaine, (5) mais cette formule subit de nombreuses exceptions que Cicéron lui-même essayait de déguiser sous un prétendu consentement de la personne privée du *jus civitatis*.

---

(1) Cic., *pro Balbo*, 23 et 24.

(2) Cic., *Topica*, 2.

(3) Gaius, I, § 2.

(4) Les lois restrictives de la liberté d'affranchir (lois *Ælia Sentia* et *Fufia Caninia*), appartiennent à l'Empire et sortent par conséquent de notre cadre.

(5) Cic., *pro Balbo*, 11 à 13. — *Pro Cecen*, 33 et 34. — *Pro Domo*, 29 et 30.

Perte volontaire. — Le droit de cité se perd volontairement dans deux cas :

1° Lorsqu'un citoyen romain quitte volontairement sa patrie pour aller habiter un autre état ou même un municipe et s'y faire agréer comme citoyen (*dicatione*). Comme nul ne peut cumuler deux nationalités (1), il perd de plein droit son droit de cité romaine, mais sous la réserve au bénéfice du *jus postliminii* dans les cas où il est appréciable. L'abandon de la cité romaine est, d'ailleurs, toujours possible (2);

2° Lorsqu'un étranger captif à Rome, a été affranchi par son maître et créé citoyen romain et qu'il préfère retourner dans son pays natal, le *jus civitatis* est alors perdu *postliminio* (3).

Perte forcée. — La perte forcée du *jus civitatis* a lieu dans les cas où l'on encourt la *capitis deminutio maxima* ou *media*.

Capitis deminutio maxima. — La *capitis deminutio maxima* provient de causes dérivant soit du *jus gentium*, soit du *jus civile*.

Ex jure gentium. — Le citoyen romain fait prisonnier dans une guerre régulière, devient esclave du peuple ennemi (4), sous la réserve du bénéfice du *postliminium*.

D'après le droit international est encore frappé de *capitis diminutio maxima* le citoyen livré à un

______

(1) Cic ; *pro Balbo*, 12 : *Duarum civitatum civis esse nostro jure civili nemo potest*.

(2) *De sua civitate*, dit Tryphoninus, *cuique constituendi facultas libera est*. L. 12, § 9, D. *De capt* (XLIX, 15).

(3) L. 5, § 3, D. *De capt*.

(4) Liv., XXII, 60.

peuple étranger qui l'accepte, par une commission de vingt-quatre *fetiales* (*Deditio per patrem patratum*).

Il paraît même vraisemblable, malgré la controverse, que le droit de cité était perdu même pour le citoyen que le peuple ennemi refusait de recevoir (1).

La *deditio* s'applique principalement :

1º A l'égard du citoyen qui a violé le *jus legatorum*;

2º A l'égard du magistrat qui a conclu de sa propre autorité, un traité (*sponsio*) avec l'ennemi et que le sénat refuse de ratifier (2); on connaît la célèbre application de ce principe au consul Spurius Posthumius après la bataille des Fourches-Caudines. On ignore si le citoyen ainsi livré jouissait du *jus postliminii*.

Ex jure civili. — Sous la République, étaient frappés de *capitis deminutio maxima* :

1º Les *addicti* vendus *trans Tiberim* (3).

2º *Les furtes manifesti* ou voleurs pris en flagrant délit (4).

3º *Les incensi*, ou citoyens s'étant soustrait au cens;

4º Les personnes qui se sont soustraites au service militaire, soit en s'estropiant volontairement (*pollice trunci*) (5), soit en ne se rendant pas au *dilectus* prescrit par le magistrat (*tenebriones*),

---

(1) L. 17. D. *de Legatis* (L. 7).
(2) Liv.; IX. 10.
(3) Gaius, IV. § 21. Aul.-Gell., XX. 1; nº 39 à 53.
(4) Gaius, III § 189, 190.
(5) Suét. Aug. 24.

soit en ne rejoignant pas l'armée au jour dit (*infre-
quentes*), soit en partant sans congé *(desertores)* (1).

— Ces diverses catégories de personnes sont
vendues au profit du peuple *trans Tiberim* (2);

5° Les enfants vendus à l'étranger par leur père ;

6° Les hommes libres qui se laissaient fraudu-
leusement vendre comme esclaves.

Il est à remarquer que les cinq premières causes
d'esclavage étaient à peu près tombées en désué-
tude vers la fin de la République, tandis que la
dernière ne faisait que commencer.

Capitis deminutio media. — *La capitis deminutio media* est encourue, toujours sous la République, dans les quatre cas suivants :

1° Par les citoyens Romains qui, volontairement
on non, se rendaient dans une colonie latine (3);

2° Par les citoyens frappés de l'interdiction de
l'eau et du feu, peine prononcée pour crimes
politiques ou crimes graves et forçant le condamné
à s'exiler sous peine de mort (4). Le *jus civitatis*
n'était perdu que quand le condamné était reçu
dans une nouvelle cité ayant probablement le *jus
exulandi*;

3° Par les personnes frappées d'accusation, s'exi-
lant avant tout jugement, et si le peuple décrète
ensuite : *id ei justum exilium esse* ou prononce
contre l'absent l'interdiction de l'eau et du feu (5).

L'exilé peut être rappelé par une loi spéciale,

---

(6) Liv; Epit. LV.

(7) Liv; *pro Cecina*, 34. Liv; I, 44. Denys, IV, 15.

(1) Cic; *pro Cecina*, 33. — *Pro domo*, 30. — Gaius, I § 131.

(2) Gaius, I, § 90, 128, 161. — Ulp. XI, 12.

(3) Liv.; XXV, 4; XXVI, 3, etc.

comme le fut Cicéron et réintégré dans tous ses droits par une *in integrum restitutio*;

4° Dans un cas spécial dont la République nous fournit quelques exemples : c'est celui du retrait du droit de cité *(ademptio civitatis)* appliqué à des municipes par le peuple ou le sénat, à Capoue par exemple (1).

La *relegatio* déjà pratiquée sous la République. de même que la *capitis deminutio minima*, ne portent aucune atteinte au *jus civitatis*.

Les personnes investies de la qualité de citoyen Romain ont, sauf les restrictions que nous allons maintenant étudier, le droit d'être inscrites dans une tribu et de participer aux assemblées, centuriates et tributes.

____

(1) Liv; XXVI, 34. — Cic; *Pro Cecina*, 34; Salluste, *Cat.* 51.

CHAPITRE II

De la Capacité électorale. — Le *jus suffragii*.

S'il est vrai de dire qu'en princiqe tout *civis Romanus* jouit des *jura publica* et notamment du *jus suffragii*, il serait inexact de croire que tous jouissent de droits égaux, même après l'inscription sur les registres du cens. On pourrait croire, en effet, à première vue que, pour employer une formule moderne, tout citoyen inscrit était électeur en se basant sur ce que, dans l'affranchissement *censu*, l'ex-esclave acquérait par le seul fait de sa *profession censualis* à la fois et le *jus civitatis* et le *jus suffragii* ; mais il ne faut pas oublier que beaucoup d'habitants de Rome étaient recensés bien plutôt à titre de contribuables que d'électeurs ; parmi eux, certains même, les *peregrini* soumis à l'impôt foncier, n'étaient pas investis de la qualité de citoyen romain ; d'autres bien que *cives*, se voyaient fermer l'accès du forum pour diverses causes que nous allons avoir à étudier.

Les interprètes ont coutume de désigner le droit de cité incomplet par les mots : *civitas minuto jure*, expression qu'on oppose à la *civitas optimo jure* ou droit de cité normal. Ces dénominations bien qu'inconnues des Romains, sont commodes à titre d'abréviations.

Les auteurs latins appliquent aux personnes privées d'une partie de l'exercice complet de leurs *jura publica* l'épithète de *cives sine suf-. fragio*, formule qui désigne d'emblée la principale de ces incapacités, mais qui a l'inconvénient d'être inexacte en ce qui concerne les affranchis.

Au point de vue de l'électorat, on peut ranger les incapacités en quatre groupes principaux, comme étant susceptibles de provenir : 1° De causes naturelles. — 2° D'un fait matériel. — 3° De l'état social. — 4° De motifs politiques.
Causes naturelles d'incapacité.

Les causes naturelles d'incapacité électorale sont : le sexe, l'âge et certaines maladies mentales.

Les femmes, filles, mariées ou veuves, n'eurent jamais le *jus suffragii* : « *Feminœ ab omnibus officiis civilibus vel publicis remotœ sunt* (1). Même affranchies de la *patria potestas* ou de la *manus*, les femmes sont exclues de tous droits politiques : *et propter sexus infirmitatem et propter forensium rerum ignorantiam* (2). Veuves, elles sont seulement admises à payer, avec les orphelins, un impôt spécial (*œs hordearium*) destiné à l'entretien des chevaux publics.

Les mineurs acquéraient la jouissance des *jura*

______

(1) L. 2. pr. *De reg. jur.* D. L. 17.
(2) Ulp. XI. 1.

publica et notamment du *jus suffragii* à l'époque
de leur puberté. Celle-ci sous la République et
depuis Servius Tullius est fixée légalement à
17 ans. A cet âge, comme signe de leur capacité
nouvelle, les *filiifamilias* dédiaient aux dieux
Lares leurs *insignia pueritiæ*, déposaient leur
toga prætexta et revêtaient la *toga virilis* qui
leur était donnée à l'occasion des *Liberalia* ou
fêtes de Bacchus (1). Un passage de Cicéron (2)
peut même donner à croire que le père de famille
pouvait faire devancer à ses enfants l'époque de
la puberté légale en leur faisant prendre plus tôt
la robe virile, ce qui explique que des jeunes gens
au-dessous de dix-sept ans, aient pu être en-
rôlés (3) et aient pu vraisemblablement figurer
aux comices. Quoi qu'il en soit, le *filiifamilias*
devenu pubère se rend au Forum, conduit par son
père et accompagné des parents et amis, et on
l'inscrit au Tabularium des Tribuns sur le Capitole, dans une tribu, probablement celle de son
père : *Filiusfamilias in publicis causis loco
patrisfamilias habetur* (4).

Dès lors, sans cesser pour cela d'être soumis
à la *patria potestas*, il est astreint au service
militaire et est par réciproque admis à jouir de
ses droits politiques (5).

On a encore voulu voir dans l'âge des vieil-

---

(1) Ovide; *Fast.* III. v. 771-788. — Cic., *Phil.* II. 18. —
Catull. 68 v. 15.

(2) Cic., *Ep. ad Attic,*VI. 1 n· 12.

(3) Liv. XXII, 57.

(4) L. 9; *D. de his qui sui vel alieni juris sunt.* I. 6.

(5) Aul., Gell. X. 28.

lards âgés de plus de 60 ans, une cause d'incapacité électorale, en se basant sur le fameux brocard *Sexagenarii de pontibus*, dans lequel Ampère (1) a même cru voir une marque d'une coutume barbare qui faisait précipiter les vieillards du haut du pont Sublicius. Pour nous, nous ne voyons là qu'une plaisanterie de la jeunesse romaine, la constitution servienne ayant précisément pour but d'assurer la prépondérance à l'âge, en accordant aux *seniores* autant de centuries qu'aux *juniores*, nécessairement plus nombreux.

D'autre part, loin d'écarter les vieillards, l'esprit du droit romain tend toujours à fortifier leur puissance. Le *paterfamilias*, si vieux qu'il soit, continue toujours à jouir de ses droits absolus et il serait bien étrange que tout puissant chez lui, il n'eût pas accès aux comices.

Enfin si les comices centuriates ont une organisation d'apparence militaire, il ne faut pas exagérer les choses et en interdire l'entrée aux sexagénaires sous prétexte qu'à 60 ans on cesse de servir dans l'armée; les centuries politiques ne correspondent certainement pas aux centuries militaires, car la première classe comptant 80 centuries de *pedites* et 18 d'*equites*, soit plus de la moitié des 193 centuries, il faudrait admettre que Rome comptait dans ses murs plus de citoyens riches que de possesseurs d'une fortune moyenne ou faible.

Au point de vue des maladies mentales, le droit

(1) Histoire romaine à Rome, II, 57.

privé distingue entre les *furiosi* qui ont des intervalles lucides et les *mente capti* dont la folie est
continue. Les premiers dans leurs intervalles
lucides ont autant de capacité qu'un homme
sain (1), tandis que les seconds ne pouvaient faire
aucun acte valable Faut-il transporter ces principes dans le droit public et accorder aux *furiosi*
l'exercice intermittent du *jus suffragii?* Aucun
texte ne résout la question. Cependant la tendance générale du droit romain nous porte à
incliner vers l'affirmative; si le *furiosus* peut,
dans ses intervalles lucides, tester, adopter,
abroger, contracter, il est vraisemblable qu'il dût
jouir de droits politiques équivalents. D'ailleurs le
pouvoir discrétionnaire des censeurs et des prési-
dents des comices pouvait remédier aux difficultés
pratiques de ce système et pallier à la marche
souvent déconcertante des maladies mentales.

Causes de fait d'incapacité. — Ces incapacités que nous appelons de fait parce qu'elles
dérivent d'un empêchement de fait, ont ceci de
commun qu'elles sont à vrai dire de simples
impossibilités matérielles d'exercer le *jus suffragii,*
le droit de cité demeurant intact en principe,
mais pouvant être paralysé par la puissance
supérieure d'un maître.

Les causes juridiques d'incapacité frappent les
filiifamilias in mancipio dati, les *nexi* et les
addicti. — Les sources sont d'ailleurs muettes sur
la capacité politique de ces personnes, Le *manci-
pium* qui ne se constitue au fond qu'un transfert

---

(1) Inst., § 1. *Quib, non est permiss.*, II, 12.

de la *patria potestas*, n'est le plus souvent qu'une condition de forme, soit de l'adoption, soit de l'émancipation, mais il peut constituer une véritable puissance, lorsqu'il a lieu soit par suite de vente de l'enfant en cas d'extrême misère des parents, soit par suite d'abandon noxal, dans le cas de délit commis par le *filiufamilias*.

L'individu *in mancipio datus* est *loco servi*, sans être *servus* (1) il conserve bien en droit sa capacité d'homme libre, mais il est esclave de fait et la volonté du maître peut lui interdire l'exercice de ses droits civiques.

Le *Nexus* (2) est l'homme libre qui, débiteur d'une somme d'argent, s'est obligé à travailler comme esclave au profit du créancier jusqu'à parfait acquittement de la dette, ses biens et ses enfants sont engagés comme lui. — Le *Nexus* suppose un engagement en vertu d'un contrat d'une nature spéciale (*nexum*).

Une loi Petilia, rendue en 325 (429 U. C.) ou peut être en 314 av. J.-C., libéra tous les *nexi* et prohiba à l'avenir les engagements de ce genre.

Ce fut, dit Tite-Live, (3) comme une renaissance de la liberté pour les plébéiens (4).

Toutefois le *nexum* subsista pour les obligations nécs d'un délit.

L'*addictus* est l'homme libre qui, tenu d'une dette de somme d'argent déterminée, en vertu d'un *mutuum* par exemple, a été condamné à la payer

---

(1) Gaius, I, § 123 et 134; III, § 114.
(2) Varron, *de ling. lat*. VII, 105; — liv. II. 24 et 27.
(3) Liv. VIII, 28.
(4) L. Nieburh. Histoire romaine, II, 374 et seq.

ou a reconnu sa dette *in jure*. — Dans les deux cas, s'il n'a pu se libérer dans les trente jours, ou s'il n'a pas fourni, sur la réquisition du créancier, un tiers (*vindex*) qui prenne l'affaire à sa charge, une sentence du magistrat l'attribue (*addicit*) au créancier, qui l'emprisonne chez lui (*in carcere privato*).

Dès lors, l'*addictus* est *in servitute* sans être légalement esclave, ce n'est qu'au bout de soixante jours, qu'il peut être tué ou vendu *trans Tiberim*, afin qu'un Romain ne devînt pas esclave dans Rome (1).

Lors même qu'il était prisonnier, il est bien peu probable que le créancier permit à l'*addictus* de se rendre au Forum ou au Champ-de-Mars pour prendre part au vote.

Il faut ici remarquer l'extrême sévérité de la loi envers les débiteurs de sommes d'argent, sévérité due à l'influence des patriciens, dont la fortune s'enrichissait trop souvent par des prêts usuraires faits aux plébéiens et dont les maisons se transformaient parfois en prisons et en lieux de tortures (2).

On s'explique ainsi la retraite de la plèbe sur le Mont-Sacré en 493 av. J.-C. (262 U. C.) et dix ans plus tard, les efforts de Manlius Capitolinus, qui donna sa vie pour essayer de soulager la misère du peuple.

Causes sociales d'incapacité. — Nous désignons sous le nom de causes sociales d'incapacité, les motifs qui font exclure des rangs des citoyens

---

(1) Gaius, IV § 21. — Aul. Gell XX, n· 39 à 53.
(2) Liv. VI, 36.

actifs, certaines personnes, qui, par leur profession, leur origine ou leur passé criminel, sont dans une mesure plus ou moins grande, mis en dehors des rangs de la société.

Ces incapacités atteignent deux catégories de personnes, les *Infames*, que leurs actes honteux ou répréhensibles ont privé du *jus suffragii* et les *humiles*, auxquels on ne peut reprocher que leur basse extraction.

Les incapacités du groupe qui nous occupent, ont ceci de remarquable qu'elles sont perpétuelles, sauf pour les *humiles*, le bénéfice bien rare de l'*in integrum restitutio*.

Infames. — Les *Infames* sont les citoyens qui, à raison de leurs actes sont considérés comme indignes d'exercer leurs droits politiques (1).

L'édit du préteur, reproduit au Digeste (2), énumère une longue liste de cas d'infamie.

Encourent l'infamie : 1º Les personnes qui ont accompli un acte déshonorant ou qui, pouvant l'empêcher, l'ont laissé sciemment s'accomplir, comme exemple d'actes de ce genre, on peut citer la bigamie, le mariage avec une veuve avant l'expiration du temps légal de deuil, le mariage avec un *filiusfamilias* non autorisé de son père ;

2º Les personnes qui exercent un métier honteux, comme celui de *leno*, de gladiateur, d'acteur dramatique (sauf les acteurs des Atellanes (3), etc ;

3º Les soldats qui ont subi la dégradation mili-

---

(1) Liv. VII, 2.
(2) L. I *De his qui not*. —D. III, 2.
(3) Liv. VII, 2.

taire (*exauctoratio*) ou ont été renvoyés de l'armée pour un motif déshonorant (*missio ignominiœ causa*);

4° **Les** personnes qui ont été condamnées dans un *judicium turpe*. On appelle ainsi les procès aboutissant à l'infamie. On peut citer parmi les *judicia publica*, les procès *de calumnia, de prœvaricatione;* parmi les procès civils, les actions *furti, bonorum raptorum, injuriarum, de dolo malo*, pour lesquelles il suffit même d'avoir transigé; et les actions contractuelles, directes ou contraires (1), *pro socio, tutelœ, mandati, depositi* et de fiducie, si toutefois la condamnation est fondée sur le dol (2).

La table d'Héraclée (cap. VIII) rédigée pour les municipes en 45 av. J.-C. (710 U. C.) par Jules César, énumère de nombreux autres cas d'infamie, notamment toutes les condamnations dans un *judicium publicum*, celles prononcées en vertu de la loi Plætoria contre ceux qui ont abusé de l'inexpérience d'un mineur de vingt-cinq ans, tous les trafics portant sur le *caput civis romani*, etc. Mais il n'est pas prouvé que ces causes d'infamie soient applicables pour les comices de Rome, bien que cela soit assez probable.

Les infâmes sont *cives minuto jure*, c'est-à-dire qu'ils sont dépouillés de la plupart des prérogatives du citoyen, notamment du *jus honorum* et du *jus suffragii*, du droit d'introduire une action publique et de celui de donner ou de recevoir une *procuratio ad litem*.

---

(1) L. 6 § 5, *de his qui not.* D. III, 2.

(2) L. 6, § 7, *De his qui not.* D. III, 2.

Humiles.— Parmi les *humiles*, il faut tout d'abord comprendre les artisans (*opifices sellularii*) et la masse de ceux qui, n'ayant pas un cens suffisant pour être classés (*proletarii, capite censi*) sont entassés dans une seule centurie, la centurie *capite censorum* qui n'a probablement jamais été appelée à voter.

D'ailleurs si en fait, sinon peut-être en droit, on refuse le *jus suffragii* aux *proletarii* et aux *capite censi,* il faut remarquer qu'ils étaient dispensés du service militaire, au moins jusqu'à leur enrôlement en 179 av. J.- C. (575 U.C.) pour les premiers, en 107 (647 U. C.) par Marius pour les seconds (1).

Bien plus intéressante que celle des groupes précédents de citoyens, est la situation électorale des affranchis. — En supposant même que l'affranchissement fût fait dans les formes légales et émanât d'un citoyen romain, propriétaire quiritaire de l'esclave, ce dernier, bien que devenu *civis Romanus,* ne jouissait pas, non plus que ses fils, de tous les droits politiques d'un citoyen *optimo jure.* — Par suite de la défaveur que l'antiquité attachait au travail servile, les affranchis, formaient dans l'Etat, vis-à-vis des *cives ingenui,* un ordre inférieur. (*ordo libertinorum*). — Par rapport à son patron, l'affranchi s'appelle *libertus,* au point de vue des droits civils et politiques, on le nomme *libertinus.* — Mais parfois dans les premiers siècles de la République (2), le *libertus* est l'affranchi et le *libertinus* son fils. D'où des

---

(1) Aul.-Gell, XVI 10. — Sall. *Bell. Jug.* 86.
(2) Suet., *Claud.* 24.

difficultés inextricables dans l'étude des textes.

Au début de la République, alors que la tribu n'est qu'une simple division administrative, il est vraisemblable que les affranchis furent répartis entre elles, sans avoir égard à leur condition sociale, mais ils n'ont accès qu'à la centurie *capite censorum* aux comices centuriates.

Lors de la création du tribunat, vers 492 av. J.-C. (262 U C.) l'institution des tribus prit un caractère politique, on distingua des tribus rustiques, les quatre tribus urbaines où furent rélégués les affranchis.

Toutefois Mommsen, se basant sur sa théorie foncière de la tribu, que nous discuterons plus loin, admet que les affranchis ont théoriquement le même droit de vote que les ingénus. Seulement dépourvus de biens fonciers, ils sont en fait inscrits dans les tribus urbaines et la réforme d'Appius ne serait que l'équivalence admise entre l'argent et les terres.

Quoiqu'il en soit en 312 av. J.-C., (442 U. C.), le censeur Appius Claudius admet les affranchis dans toutes les tribus et les répartit suivant leur cens dans les classes et les centuries : « *Humilibus per omnes tribus divisis, campum et forum corrupit* (1).

Appius, membre de cette orgueilleuse famille dont un des descendants, le consul Appius Claudius Pulcher, devait, en 249 av. J.-C. (505 U. C.) à son mépris des prescriptions divines et humaines, de se faire battre à Drépane par les Carthaginois ; Appius, patricien, savait bien que la

____

(1) Liv, IX, 49.

noblesse n'avait qu'à gagner à l'accroissement d'influence des votes serviles, de cette lâche et vile populace qui n'osait suivre son défenseur, ce Manlius Capitolinus qui paya de sa vie sa lutte contre le patriciat (1).

L'affranchi, débiteur et client du patricien qui pouvait le replonger dans l'esclavage, lui devait sa voix au Champ-de-Mars ou au Forum, pour éviter ses rigueurs.

En 304 av. J.-C., (450 U. C.), sur les réclamations de la plèbe rurale, honnête et vaillante population qui, maniant l'épée ou labourant ses champs, tour à tour défendait et nourrissait Rome, les censeurs Q. Fabius Rullianus (un patricien) et P. Decius Mus (un plébéien) rejettent les affranchis dans les tribus urbaines et les confinent probablement dans la centurie *capite censorum* (2).

En effet, les affranchis sont exclus de l'armée, sauf dans les moments ou Rome faisait appel à tous ses défenseurs (3) ; nous les voyons servir dans la flotte comme *socii* (4), ils devaient donc être en dehors des centuries des cinq classes, intimement unies au service militaire. Comme d'autre part, ils étaient inscrits dans les tribus, ils devaient avoir droit d'accès dans les comices centuriates, ce qui ne leur laisse guère que la centurie *capite censorum*.

Malgré la mesure prise par les censeurs Fabius et Decius, les affranchis avec le concours probable

---

(1) Liv. VI, 13, 20.
(2) Liv. IX, 46. — Val-Max, II, 29.
(3) Liv. X, 21. — XXII, 11.
(4) Liv. XL, 18. — XLII, 27, 31. — XLIII, 12.

des patriciens, heureux de diminuer l'influence de
la classe moyenne, parviennent encore à se répandre dans les tribus rustiques et les centuries,
car en 220 av. J.-C. (534 U. C.), nous voyons les
censeurs L. Æmilius Papus et C. Flaminius prendre
d'énergiques mesures contre l'envahissement de
cette tourbe impure au moment ou Hannibal se
préparait à envahir l'Italie et à écraser la fortune
romaine.

Les affranchis sont de nouveau rélégués dans les
tribus urbaines, et ceux qui n'ont pas un fils âgé
de cinq ans ou un fonds de terre d'une valeur égale
au cens de la deuxième classe, sont déchus d'une
des prérogatives des citoyens, du droit au cens,
c'est-à-dire du droit d'être inscrit sur les registres
dressés par les censeurs (1). Ces déchéances atteignent même les fils d'affranchis, au moins jusqu'au
plébiscite voté en 189 av. J. C. (565 U. C.), sur la
proposition du tribun Terentius Culleo.

En 168 av. J.-C. (586 U. C.), les censeurs Tibérius,
Sempronius Gracchus et C. Claudius Pulcher
aggravent encore la situation des affranchis en les
renfermant dans une seule des tribus urbaines que
le sort désignerait, à chaque lustre probablement.
Ce fut la tribu Esquilina qui les reçut (2). Le père
des Gracques voulait même enlever le *jus civitatis*
à cette populace qui, quarante ans après, devait
assassiner ses fils. Il fallut qu'un Appius, fidèle aux
traditions de sa famille, prit la défense des affranchis.

---

(1) Liv. Epit, XLV. 15.
(2) Liv., Epit. XLV ; 15.

En 88 av. J.-C. (646 U. C.), le tribun du peuple P. Sulpicius fait adopter par le parti de Marius et de Cinna une motion accordant à l'affranchi le droit d'être inscrit dans la tribu de son patron (3); mais ce plébiscite est cassé par le parti syllanien.

Entre temps, une loi, probablement la loi Æmilia (1) de 115 av. J.-C. (639 U. C.), avait de nouveau réparti les affranchis dans les quatre tribus urbaines, et Sylla avait jeté dans la ville, dix mille affranchis nouveaux : les Cornéliens, pour augmenter la corruption au profit de l'aristocratie.

En 67 av. J.-C. (687 U. C.) le tribun C. Manilius (2), et en 58 (636 U. C.), P. Clodius, essayent de ressusciter la loi Sulpicia, mais le plébiscite Manilien fut cassé aussitôt que voté, s'il fut même voté et Clodius ne put même pas faire sa rogation. Ce ne fut que sous l'Empire, au moment ou le droit de vote n'était plus qu'une illusion, que fut consommée à peu près l'égalité politique des affranchis et des autres citoyens.

Causes politiques d'incapacité. — Les incapacités pour motifs politiques atteignent des individus parfaitement aptes à voter en principe et auxquels pourtant on retire le *jus suffragii* dans l'intérêt supérieur de l'Etat. Tandis que l'infamie frappe l'homme lui-même, l'incapacité politique n'atteint que l'électeur et encore peut-elle toujours cesser avec la disparition des motifs qui l'ont amenée. Au contraire l'infamie est une flétrissure indélébile;

---

(1) Liv. Epit. LXLVIII, LXXXIV.

(2) Aurélius Victor, *De vir, illustr.* 72. L. Cic. *de Orat* I, 9.— Liv. IX, 46. XL, 51. XLV, 15,

(3) Cic., *pro Mur*, 23, 47.

comme étant la marque de la réprobation de toute la société : « *Turpi judicio damnati in perpetuum omni honore ac dignitate privantur* » (1).

Les causes politiques d'incapacité atteignent les catégories de citoyens désignées sous les noms *d'œrarii et de municipes sine suffragio;* il faudrait même, d'après quelques auteurs, y ajouter les colons romains, ce que nous aurons à discuter.

Ærarii. — Le mot *œrarius* a dans la langue romaine, une signification souvent peu définie, il exprime à proprement parler l'état d'un citoyen romain qui paie l'impôt sans participer au *jus suffragii.* En dehors de cette signification vague et générale, plusieurs auteurs et notamment Belot, désignent sous le nom *d'œrarii,* les citoyens non classés ayant un cens de 1,500 à 12,500 as d'après Denys d'Halicarnasse, à 11,000 d'après Tite-Live et dont Denys a voulu faire à tort une sixième classe.

On pourrait appeler ces citoyens avec Accarias (2), du nom *d'accensi.* Parfois encore on embrasse sous la dénomination *d'œrarii,* tous les citoyens majeurs privés du *jus suffragii* comme les infâmes, les *municipes sine suffragio.*

Pour nous, nous préférons réserver, avec les historiens latins, la qualification *d'œrarii* aux citoyens frappés par les censeurs d'une déclaration d'ignominie, par l'application de leur pouvoir discrétionnaire (*nota censoria, ignominia*).

Sans qu'aucun recours soit possible, les censeurs remanient à leur gré la liste des citoyens et pen-

---

(1) Cic., *Pro Cluent*, 42, 119.
(2) Précis de droit Romain (4me édit.) p. 30, note 1.

dant la durée du recensement, chaque citoyen est soumis à la perpétuelle menace de la *relatio in œrarios*. On s'explique ainsi que la loi Æmilia qui réduisit la durée de la censure de 5 ans à 18 mois et qui dut être pour beaucoup un véritable succès remporté sur le pouvoir censorial.

Les censeurs en effet, souverains aussi absolus que temporaires, s'attribuent le *regimen morum* et descendent dans les détails de la vie privée pour régler le luxe et punir les plaisanteries qu'on ose parfois leur faire (2).

Entre les mains de Caton le pouvoir arbitraire des censeurs servait comme le dit l'inscription qui lui fut décernée : « A relever la République » romaine, que l'altération des mœurs avait mise » sur le penchant de la ruine. » Maintenant ce patrimoine d'honneur, de probité et de désinté-ressement que les vieux Romains saluaient du beau nom de *mos majorum*, frappant à la fois et l'agriculteur désertant son champ et le chevalier négligeant sa monture (1), les censeurs se servirent souvent avec avantage de l'arme redoutable qu'ils possédaient, de la *relatio in œrarios*.

Mais par contre, il y eut des abus et des citoyens déclarés *œrarii* pour satisfaire des vengeances personnelles ou pour des motifs assez puérils, comme le citoyen, dont Aulu-Gelle (2) rapporte qu'il fut privé de son *jus suffragii*, pour s'être permis de bâiller devant les censeurs. Pour

---

(1) Aul.-Gell., IV, 20.
(2) Aul. Gell, IV, 12.
(3) Aul. Gell, IV, 20.

être relevé de cette déchéance, il lui fallut prouver que cet acte irrespectueux était chez lui involontaire. Cependant, au total, les censeurs qui, avant d'entrer en fonction, prêtaient serment d'observer les règles de la justice et de l'équité, maintenaient leur promesse avec ce respect religieux des Romains pour la foi jurée. Pour qu'un citoyen fût déclaré *œrarius*, il suffisait de la flétrissure publique des censeurs et de son inscription sur une liste d'impôts spéciale déposée à l'*œrarium*.

Une des premières mentions de citoyens mis *in œrarios*, est celle de Mamercus Æmilius, l'auteur de la loi Æmilia et qui dut payer un impôt huit fois supérieur à son impôt normal, taxe souverainement fixée par les censeurs. 434 av. J.-C. (320 U. C.).

Le citoyen *in œrarios relatus* est aussi dit inscrit *in Cœritum tabulis*, par allusion, dit Aulu-Gelle (1) et après lui répètent la plupart des auteurs modernes, aux habitants de la ville de Cœre, en Etrurie, qui, pendant l'invasion Gauloise, avaient donné asile aux dieux de Rome et avaient en récompense reçu la *civitas sine suffragio* (2).

Nous avouons que cette étymologie nous paraît contestable, d'abord comme le fait remarquer Belot, les habitants de Cœre doivent être les *Cœretes* et non les *Cœrites;* ensuite nous voyons que les *Cœretes* reçurent le titre d'hôtes du peuple romain (3), c'est-à-dire qu'il y eut un traité d'amitié entre deux peuples indépendants, état exclu-

---

(1) Aul.-Gell, 13, n° 7.
(2) Liv. XXVIII, 45. Strabon V. 2. 3.
(3) Liv. V. 50.

sif du *jus civitatis* qui indique une subordination à Rome, nous croyons que ce ne fut que plus tard, à la guerre Samnite, que Cœre tomba au rang de *civitas sine suffragio,* en punition de son hostilité envers Rome (1).

Enfin comme dernier argument, d'après Aulu-Gelle lui-même, la faveur accordée aux habitants de Cœre ne daterait que de 387 av. J.-C. (367 U. C.) tandis que nous avons vu qu'en 434 av. J.-C. (320 U. C.), donc bien avant, il y avait déjà des citoyens *in œrarios.*

Quelle est l'étendue de l'incapacité politique de l'*œrarius*. C'est là une question obscure où à défaut de textes bien précis, les auteurs se sont montrés fertiles en hypothèses; comme il arrive trop souvent malheureusement pour les institutions de l'ancienne Rome que les historiens nous ont si succintement décrites.

Belot (2) admet bien que l'*œrarius* soit effacé du tableau de sa centurie et exclu des comices centuriates, mais pour lui il conserve son droit de vote dans les assemblées par tribus. L'auteur des Chevaliers Romains s'appuie sur l'autorité de Cicéron qui déclare que nul pouvoir au monde ne peut enlever à un homme la qualité de citoyen romain sans son consentement (3); il nous montre encore le censeur Livius qui, en 234 av. J.-C. (520 U. C.), élu consul, puis censeur après avoir été condamné par le peuple, et voulant punir le peuple de son inconséquence, mit au rang des

---

(1) Liv. VII. 20.

(2) Histoire des chevaliers Romains, I, 201.

(3) Cic., *Pro domo sua,* 29, 30 *Pro Balbo,* 11. *Pro Cecina,* 33, 35.

œrarii 34 tribus sur 35 (1), sans que personne, ajoute Belot, protestât contre cette injuste et vio·lente boutade. Si les *œrarii* eussent été déchus du *jus suffragii*, le peuple romain eut été au point de vue politique réduit à la seule tribu Mœnia. Enfin notre historien déclare que Tite-Live est formel en ce sens : « *Negabat Claudius suffragii* » *lationem injussu populi romani censorem cui* » *quam homini... adimere posse* (2).

Ces arguments ne nous paraissent nullement convaincants. D'abord nous avons vu que l'opinion de Cicéron est trop absolue et d'ailleurs il parle du *jus civitatis* et non du *jus suffragii*. Ensuite nous croyons que si la vengeance de Livius eût été suivie d'effet, elle eût paralysé l'exercice de la constitution romaine. Aussi son collègue Claudius s'empressa-t-il de s'opposer à cette mesure impraticable.

Le texte de Tite-Live invoqué nous paraît avoir la signification contraire à celle que lui prête Belot; l'auteur latin après avoir rapporté la thèse de Claudius déniant au censeur le droit d'enlever le *jus suffragii* à un citoyen, constate qu'elle fut rejetée et pour marquer les conséquences de cet échec, il s'exprime ainsi : *omnes iidem ab utroque et tribu remoti et œrarii facti sunt*. D'où il semble bien que l'*œrarius* était exclu des assemblées tri-butes. Cette opinion, confirmée par plusieurs textes (3) est encore appuyée par un passage

---

(1) Liv. XXIX. 37.
(2) Liv. XLV. 15.
(3) C; Liv.; IV, 24. — XXIV, 18-43. — XLII, 10. — XLIV, 16.

d'Aulu-Gelle qui dit en définissant les *Cœrites* : *quos notæ causâ suffragiis privantur* (1), pluriel qui nous paraît bien viser et la votation aux centuries et la votation aux tribus. Pour nous donc, l'*œrarius* est entièrement déchu du *jus suffragii* et exclu de toutes les tribus, mais il faut bien remarquer que cette incapacité n'est que temporaire et peut cesser au lustre suivant et qu'ensuite, condition assez bizarre, le citoyen ainsi déclaré indigne d'être électeur, conserve le *jus honorum* c'est-à-dire l'éligibilité aux diverses magistratures (2).

Municipes sine suffragio. — Les citoyens des *municipes sine suffragio* sont ce qu'on appelle des *cives sine suffragio*; jouissant des droits privés (*comnubium, commercium*) ils sont tenus à l'écart des droits politiques et ne sont citoyens qu'au point de vue passif.

Nous pensons que la *civitas sine suffragio* pouvait naître de deux façons :

D'une part, une ville précédemment unie avec Rome par un lien étroit (*hospitium publicum, fœdus œquum*) peut voir sa situation tomber au rang de *municipes sine suffragio* à titre de déchéance comme nous l'avons vu pour Cære.

D'autre part, les peuples nouvellement vaincus et qu'on érige en municipes, ne sont pas admis d'emblée à l'entière cité romaine. Vis-à-vis des plébéiens devenus *cives optimo jure*, ils sont dans la situation que ceux-ci occupaient par rapport aux patriciens, avant les lois Liciniennes. La *civitas*

---

(1) Gell; XVI, 13 n° 7.
(2) Liv; XXIV, 43. — Cic, *Pro Cluent*, 43 § 120; 45 § 126.

sine suffragio est ainsi une position transitoire
où les peuples conquis subissent les charges des
citoyens sans en avoir les avantages, jusqu'à ce
que, le temps aidant, ils aient accepté les mœurs
romaines et soient en état de recevoir le *jus
civitatis* dans son intégrité.

Les auteurs anciens n'ont pas toujours compris
que cette concession du droit de cité était bien
plutôt le régime de l'annexion. Aussi voit-on
Naples et Préneste (1) protester contre ce soi-
disant avantage, et à la fin de la grande guerre
latine, les Romains traiter de cette façon les populations qu'ils avaient eu le plus de peine à vaincre :
les Prinervates (2), les habitants de Pedum (3) et
d'Anagnia chez les Herniques (4) ; chose qui
étonne Tite-Live, surtout quand il voit des villes
comme Velitræ (5), remercier de ce bienfait en
faisant de nouveau défection.

Au point de vue politique, les habitants des
municipes sine suffragio n'ont aucun droit;
inscrits sur des listes à part (*tabulæ Cœritæ*) ils
paient un *tributum* arbitrairement fixé par le
sénat ou le censeur (6). Ils ne sont inscrits dans
aucune tribu ou centurie, du moins c'est ce qui
semble résulter des paroles de Tite-Live nous
montrant que lorsqu'ils reçoivent le *jus suffragii*,
on crée parfois pour eux des tribus nouvelles (7).

---

(1) Liv.; XXIII, 20.
(2) Liv., VIII, 21.
(3) Liv., VIII, 13 et 14.
(4) Liv., IX, 43.
(5) Liv., VII, 14.
(6) Liv., IV, 44.
(7) Liv., VIII, 14-17; XXXVIII, 37.

Ils n'entraient dans les tribus anciennes qu'en recevant le droit de vote, ainsi l'on trouve les Arpinates inscrits à la tribu Cornelia et les habitants de Fundi et de Formiæ à la tribu Æmilia.

On a été jusqu'à contester aux habitants des *municipes sine suffragio* la qualité de citoyen, mais Tite-Live les appelle formellement des *cives Romani* (1) ou leur reconnaît la *civitas* (2). Au surplus, tôt ou tard, les *cives minuto jure* parviennent au droit de cité complet et il n'en existe plus, au moins dans l'opinion commune, quand la guerre sociale a conféré le droit de cité aux Italiques. D'ailleurs les municipes ont fourni des hommes célèbres, les familles Coruncania, Porcia, Juvencia, Fulvia, étaient de Tusculum, ville peu populeuse et qui reçut le *jus civitatis* en 383 av. J.-C. (371 U. C.) (3). Caton était aussi de Tusculum. T. Annius, Milon et L. Muréna étaient de Lanuvium, Marius et Cicéron, d'Arpinum, ce qui démontre péremptoirement que les habitants de ces municipes jouissaient du *jus suffragii* et du *jus honorum*.

Colons Romains. — On est loin d'être fixé sur les droits politiques dont jouissaient les colons Romains, et même pour les colonies établies dans les provinces, les sources sont absolument muettes et ne permettent que de faire des hypothèses sans fondement.

Restent les colonies établies en Italie, nous avons déjà vu que le fait de s'y rendre entraînait

---

(1) Liv., VIII, 17.
(2) Liv., X, 1. — XXXVIII 36.
(3) Liv., VI, 26. — Cic, *Pro Planc.*, 8.

la perte du droit de cité romaine, mais comme l'indique Gaius (1), on devenait citoyen d'une autre cité, de la colonie entre autres. Le colon est donc assimilable au citoyen d'un municipe et il s'agit de savoir s'il possède le *civitas cum* ou *sine suffragio*.

Cicéron, dans un de ses discours contre Rullus (2), semble bien refuser aux colons le *jus suffragii* et le *jus honorum*; mais comme on l'a fait remarquer, outre qu'il s'agit là d'une amplification oratoire et d'un discours politique souvent sujet à exagération, l'orateur romain vise non pas tant la jouissance du droit de suffrage, mais les difficultés de son exercice, inhérents à la distance, à l'éloignement de Rome qui empêchait de prendre part aux comices.

D'autre part on voit la plèbe romaine réclamer à grands cris l'établissement de colonies, au moment même où elle luttait pour l'augmentation de son influence politique et pour avoir de nouvelles garanties de son droit de vote.

On voit des Latins recevoir le droit de cité complet par leur réception dans une colonie latine (3).

Le poète Ennius reçoit le *jus civitatis* par le fait que Fulvius Nobilior l'inscrit au nombre des citoyens d'une colonie (4), et Cicéron (5) parle d'un

---

(1) Gaius, I § 131.
(2) Cic., *de leg. agrar*. 2, 27.
(3) Liv. IV, 11, 47, 58; V, 21; VI, 16.
(4) Liv., XXXIV, 42.
(5) Cic., *Orat*. 20.

chevalier romain qui était membre de la colonie de Pyrgi.

Le nom d'un des premiers consuls de la République (Tarquin Collatin) semble aussi indiquer qu'il était originaire de Collatia, ville réputée colonie romaine (1).

Enfin ce qui nous paraît décisif, Q. Cicéron recommande à son frère de se ménager les suffrages des habitants des municipes et des colonies (2).

Ainsi donc nous croyons que les colons Romains dont la plupart devaient être *cives Romani*, possédaient toujours au moins le *jus suffragii*.

Nous connaissons maintenant les incapacités électorales qui frappaient les citoyens Romains, toute personne qui n'en est pas atteinte jouit du plein exercice de son droit de suffrage, il nous faut voir maintenant comment se constatait cette capacité et comment on formait la liste électorale par l'opération du cens.

---

(1) App. *Bell. civil.* I, 10.
(2) Q. Cic. *de petit consul*, 8, 30.

CHAPITRE III

FORMATION DE LA LISTE ÉLECTORALE. — LE CENS.

Le cens qui joua un rôle si important sous la République romaine, est une opération complexe qui n'a guère d'analogue dans nos Etats modernes. Les censeurs, en effet, non seulement dénombrent les citoyens, mais encore participent à l'administration du trésor de l'Etat, règlent les classes des citoyens, dressent les listes du Sénat et des chevaliers, veillent au maintien des bonnes mœurs privées et à la police de la ville.

Nous n'avons ici qu'à considérer le cens au point de vue du recensement appliqué à la formation de la liste électorale et à voir seulement comment à Rome, le citoyen faisait constater sa capacité politique et était mis à même d'exercer ses droits d'électeur.

Nous nous occuperons successivement des

magistrats chargés de procéder au cens et de l'opération du recensement en elle-même.

Censeurs. — Les historiens s'accordent pour faire remonter a Servius Tullius l'origine du recensement. Cette opération, qui devait alors avoir principalement le caractère d'une statistique du nombre et de la richesse des défenseurs de Rome, se termina par une cérémonie religieuse, que nous ne comprenons plus aujourd'hui, mais que l'antiquité regardait comme un symbole de purification, d'où le nom de *lustrum* que les Romains lui donnèrent : le roi, devant le peuple réuni sur le Champ-de-Mars, fit trois fois le tour de l'assemblée, poussant devant lui un porc, un mouton et un taureau (*suovetaurile*), puis il immola les trois victimes (1).

D'après Valére-Maxime (2), Servius procéda cinq fois à l'opération du recensement, autant du moins que les traditions obscures et incertaines de l'époque royale permettaient de le conjecturer.

Après la chute des Tarquins, les consuls, continuateurs du pouvoir royal, s'arrogent tout naturellement le droit de dresser les listes du cens. Mais bientôt les luttes des plébéiens, les efforts du tribun Canuléius forcent les patriciens à accorder à tous l'entrée du consulat. Plutôt que de céder le consulat, les patriciens le démembrent et confient une partie des fonctions consulaires à de nouveaux magistrats, les *censores*, sous le prétexte que les occupations politiques et militaires des consuls les empêchaient d'accomplir régulièrement les

---

(1) Liv. I, 44. Denys, IV, 5, 9.
(2) Val-Max, IV, 1, 10.

opérations du cens. On place en général l'origine de la censure en 443 av. J.-C. (311 U. C.) (1), toutefois Mommsen croit devoir la placer en 435 av. J.-C. (319 U. C.), en se basant sur une interpolation des Fastes, qui aurait induit en erreur les historiens anciens; question d'ailleurs peu importante pour nous.

Quoi qu'il en soit les patriciens se réservèrent d'abord le droit exclusif d'être censeurs, prétendant avoir seuls qualité pour diriger les sacrifices religieux qui terminent le recensement; en réalité, pour continuer à détenir une part importante du gouvernement de l'Etat.

Ce n'est qu'en 351 av. J.-C. (403 U.C.) que la plèbe est admise à la censure (2), mais dès lors ses progrès sont rapides et en 339 av. J.-C. (415 U. C.) la loi Publilia Philonis ordonne qu'un des censeurs sera désormais plébéien : *Ut alter utrique ex plebe... censor crearetur* (3).

En 131 av. J.-C. (623 U. C.), on trouve même le collège des censeurs entièrement plébéien (4).

Les censeurs sont les premiers magistrats de Rome et ne sont, sauf de rares exceptions, pris que parmi les anciens consulaires ; ils sont élus aux comices centuriates présidés par les consuls et depuis 265 av. J -C. (489 U. C.), ils ne peuvent pas être réélus (5).

A Rome, les magistrats supérieurs recevaient

(1) Liv., IV, 8.
(2) Liv., VIII, 22.
(3) Liv., VIII, 12.
(4) Liv.; Epit., LIX.
(5) Liv., XXIII, 23. Val-Max 4, 13.

après leur élection, le droit de commander et de recourir à la force pour se faire obéir, l'*imperium*, par une sorte d'investiture que leur conférait une loi curiate.— Par dérogation à cette règle, les censeurs ne peuvent recevoir la *potestas censoria* que par une seconde loi centuriate, par conséquent leur mandat reçoit deux consécrations successives des mêmes électeurs, anomalie que l'on ne peut guère expliquer que par ce fait qu'il avait paru nécessaire d'apporter une circonspection toute particulière dans la collation des pouvoirs des censeurs, souverains arbitres et dispensateurs des droits et de la fortune des citoyens.

La censure n'est point une magistrature annale, à l'origine elle était conférée pour cinq ans (1), mais bientôt on eut peur de voir si longtemps suspendue sur sa tête la redoutable *censoria potestas* et en 434 av. J.-C. (520 U. C.), la loi Æmilia ordonna aux censeurs d'avoir à terminer les opérations du recensement dans les dix-huit mois, délai que toutefois le Sénat pouvait augmenter : *ne plus quam annua et semestris censura esset* (2). Désormais, pendant trois ans et demi sur cinq, il n'y avait plus de censeurs, au moins en général.

L'espace compris entre deux recensements ou ce qui est équivalent deux élections censoriales, est le *lustrum*. La durée normale du *lustrum* est de cinq ans, il a lieu, disent les historiens, *quinto quoque anno.*

Certains savants modernes, de Boor entre autres, ont voulu ramener à trois ans l'intervalle de deux

---

(1) Cic.; *de leg.* III, 3.
(2) Liv., IV, 24.

lustra et Mommsen pense que sur la fin de la République, cette durée monta de trois à quatre ans sur les instances des publicains qui voulaient prolonger l'existence de leurs conventions avec le Trésor; mais ces opinions paraissent peu conciliables avec les affirmations des auteurs anciens qui voient toujours dans le *lustrum* un intervalle de cinq ans. D'ailleurs la question est plus théorique que pratique; en fait, surtout sur la fin de la République, l'exercice de la censure était plus ou moins irrégulier; le Sénat, chargé de la fixation des élections censoriales, y mettant des retards et des ajournements variables. Enfin Sylla bouleversa et abolit presque l'institution de la censure et de 42 à 28 av. J.-C., Rome n'eut point de censeurs (1).

Les censeurs sont au nombre de deux : *bini sunto* (2) et ils sont soumis étroitement au principe de la collégialité, les Romains voyant dans cette dualité de pouvoir une garantie nécessaire contre la tyrannie possible des censeurs. C'était ainsi qu'on ne proclamait le résultat de l'élection des censeurs que lorsqu'il était complet et que les deux candidats étaient élus (3). Que l'un d'eux meurt ou abdique durant l'exercice de ses fonctions, son collègue doit se démettre, il y avait là pour les Romains une idée superstitieuse tenant à ce que dans l'année 390 av. J.-C., (364 U. C.) Rome fut prise par les Gaulois, alors que le censeur Cornélius venait de remplacer le censeur

---

(1) C. Suét., *Aug.*, 37.
(2) Cic., *de leg.*; III, 3, 7.
(3) Liv. IX, 34.

Julius après sa mort : « *Quæ res postea religioni fuit... nec deinde unquam in demortui locum censor sufficitur* (1). »

Il faut d'ailleurs remarquer que le pouvoir des censeurs ne s'éteint pas de plein droit à l'expiration d'un temps fixé, ils doivent abdiquer en principe du moins : ainsi en 310 av. J.-C. (444 U. C.) Appius Claudius resta en charge valablement après la durée légale de ses fonctions.

Les censeurs sont des magistrats majeurs, mais ne pouvant pas cependant comme les préteurs, remplacer les consuls, ni convoquer les comices; *Sanctissimi magistrati* (2), ils portent, dit Polybe (VI, 53), une toge de pourpre.

Parmi les diverses attributions des censeurs, nous n'avons ici qu'à étudier la principale, nous voulons parler de la confection des listes du cens (*censum agere*) (3).

Recensement. — Les censeurs dressent la liste générale des citoyens, mais ce serait une erreur de croire qu'ils recensent directement tous les citoyens habitant Rome et les territoires avoisinants. Un tel travail eût été au-dessus de leurs forces et n'eut abouti qu'à des résultats erronés et suspects. Les opérations du cens sont donc précédées de la rédaction de listes partielles de citoyens, listes dressées par des magistrats d'ordre secondaire, mais en contact plus direct avec la masse du peuple.

L'histoire attribue à Servius Tullius, le fonda-

---

(1) Liv., V, 31; VI, 37, IX, 34.

(2) Cic. *pro Sest.* 25 et 55.

(3) Liv.; III, 3, 22, etc.

teur du cens, la division en circonscriptions
déterminées, du territoire romain. Ici, du moins
autant qu'on peut le discerner à travers les
obscurités qui enveloppent ces vieux âges, le roi
réformateur n'innova point et au lieu de créer
de toutes pièces des groupements artificiels et
composés d'éléments plus ou moins hétérogènes,
il profita des affinités existant déjà entre les
citoyens et adapta à la vie politique ces associations naturelles que forment entre les hommes la
communauté d'intérêts et les relations de voisi-
nage.

Comme nous le verrons plus loin, le territoire
romain fut divisé en circonscription ou tribus,
dont nous aurons à déterminer le caractère. Ces
tribus elles-mêmes comprenaient un certain nombre d'agglomérations locales ou de quartiers; les
pagi ruraux et les *vici* urbains, sortes de districts
religieux se rapprochant quelque peu de nos
communes actuelles, possédant même une certaine autonomie et une sorte de personnalité
civile. D'après Mommsen (1), les *pagi* et les *vici*
pourraient être propriétaires et administrer leur
patrimoine. Quoi qu'il en soit, les membres du
pagus se réunissent chaque année en une sorte
d'assemblée qui élit un chef. C'est ce *magister* qui
prépare le travail des censeurs en dressant des
listes partielles grâce à ses fonctions plus sacer-
dotales qu'administratives. Aux fêtes annuelles
publiques; les *paganalia* à la campagne et les
compitalia à la ville, il préside les sacrifices et

---

(1) Mommsen; Le droit public romain. VI. 1ᵉ partie, p. 133.

reçoit des assistants des jetons de couleurs variables suivant l'âge et le sexe.

Les renseignements qu'il se procure ainsi sont encore complétés à l'occasion des diverses cérémonies religieuses que les Romains des premiers âges accomplissaient scrupuleusement (1), et surtout par la connaissance directe que le *magister* devait avoir de tous les habitants, les *pagi* et les *vici* ayant relativement peu d'étendue et de population.

Le recensement local ainsi établi et exact à quelques exceptions près, est transmis chaque année au chef de la tribu (*curator tribus*) qui assiste les censeurs.

Dès que ces derniers sont entrés en charge, ils publient un édit (*formula censendi* ou *lex censui censendo*) (2), sorte d'avis administratif, qui contient une nomenclature des objets soumis à l'impôt et surtout la base d'évaluation des propriétés et des objets de luxe (3) base fixée souverainement d'après la volonté (*arbitrium*) (4) des censeurs. La *formula* détermine en outre la date du recensement et édicte souvent diverses règles spéciales de détail.

La veille du jour fixé, dès que la nuit est venue, les opérations du cens commencent, des sacrifices sont faits et les auspices consultés, si ceux-ci sont favorables, le héraut (*præco*) reçoit

(1) L. Denys. IV, 4, 8 et 9.
(2) Liv., IV, 8, XLIII, 14.
(3) Liv., XXXIX. 44.
(4) Liv,, IV, 8.

l'ordre de convoquer le peuple à une *contio* solennelle.

Voici la formule de convocation qui nous a été conservée par Varron (1) : « *Quod bonum fortunatum felixque salutareque siet populo romano quiritium reique publicæ populi romani quiritium mihique collegæque meo fidei magistratuique nostro ! Omnes quirites, pedites, armatos privatosque, curatores omnium tribuum, si quis pro altero rationem dari volet, voca inlicium huc ad me.* »

Enfin lorsque l'aube se lève les censeurs assistés des *curatores tribuum*, de *scribæ* et de *servi publici*, tirent au sort pour déterminer celui d'entre eux qui présidera aux opérations du cens (*uter lustrum faciat*).

Le recensement a lieu au Champ de Mars et depuis 320 av. J.-C. (434 U. C.) dans un local spécial à ce affecté et où sont conservés les registres du cens (*tabulæ censoriæ*) c'est la *villa publica* (2) située près du temple des Nymphes, c'est là que siège le censeur président assisté de son collègue, de divers magistrats, préteurs et tribuns du peuple, et d'un nombreux personnel secondaire.

Le recensement ne comprend que les citoyens romains, mais il doit les comprendre tous. Tout citoyen, qu'il soit *optimo aut minuto jure*, sans distinction d'âge ou de sexe, doit figurer au cens soit par lui-même soit par ses représentants (3); (*pro se sive pro altero*) comme le dit la formule

---

(1) Varr., *de ling. lat*, IV, 86 et 87.

(2) Liv., IV, 22.

(3) Aul.-Gell., V. 19. — Liv., VI, 31 ; XXIX, 37.

de convocation ; c'est ainsi que les fils de famille sont valablement représentés par le *paterfamilias* et les pupilles et les femmes *sui juris* par leur tuteur. En principe cependant il est de règle que·c'est l'intéressé lui-même qui fait les déclarations prescrites et cette obligation. stricte, dont les cas de force majeure dispensent à peine, est sanctionnée par des peines d'une extrême gravité : l'esclavage et parfois la mort, étaient prononcés contre l'*incensus*, au moins dans les débuts et sous Servius Tullius, d'après une loi curiate rendue à son époque.

Les citoyens sous les armes sont recensés par les délégués des censeurs. Ceux qui habitent les municipes et les colonies, le sont par les magistrats locaux qui envoient leurs listes à Rome au moins soixante jours avant les opérations du cens (1) ; le cens fut d'ailleurs étendu à toute l'Italie, par la loi Julia *municipalis*, rendue en 55 av. J.-C. (699 U. C.) après la guerre sociale.

Cependant le peuple s'assemble au Champ de Mars. Tous, cavaliers et fantassins, chevaliers et simples citoyens, y viennent à pied, confondus dans une même égalité. (*Omnes quirites pedites*) a annoncé le crieur. Plus tard, après avoir répondu à l'appel de leur nom au milieu des *tribules*, les chevaliers subiront avec leur chevaux la *recognitio*, comme nous le verrons plus loin.

Certains historiens ont vu dans la formule de convocation du cens, un indice que les chevaliers en étaient exclus et demeuraient soumis à la seule

______

(1) Liv., XXIX; 15, 17.

recognitio. Le silence des historiens anciens permet d'hésiter entre les deux hypothèses, cependant il est plus conforme à l'esprit des mœurs romaines de croire que les chevaliers n'étaient pas dispensés de figurer au cens.

Les opérations du recensement s'ouvrent effectivement par un discours résumant les points principaux de l'édit censorial. Le cens se fait par tribu locale (1), les curateurs de chaque tribu apportent les listes des membres inscrits (*tribules*) dressées sur les indications fournies par les *magistri pagorum* et *vicorum*.

Le héraut appelle successivement tous les *patres familias* d'une tribu. A l'appel de son nom chacun d'eux se présente devant le censeur et là, sous la foi du serment et en conscience (*ex animi sententia*) (2) il déclare son état civil c'est-à-dire son nom (*nomen*), son prénom (*prœnomen*) et son surnom (*cognomen*); il fournit les mêmes indications pour son père ou son patron, pour sa femme et ses enfants, il indique encore son âge, son domicile et surtout, car c'est là le but essentiel du cens, son état de fortune, c'est-à-dire la composition des biens tant mobiliers qu'immobiliers qu'il possède *ex jure quiritium*. — Les censeurs vérifient ces déclarations et estiment la valeur des biens d'après les bases de leur édit et avec l'aide d'experts assermentés (*juratores*) (3).

L'ensemble de ces déclarations constitue ce que l'on appelle la *professio censualis*.

---

(1) Cic., *pro Flacco*, 32, § 80.
(2) Cic., *de off*. III, 29 § 108; — *de Orat* II, 64 § 260.
(3) Liv., XXXIX, 14.

Les censeurs dressent ensuite la liste des personnes qui ne font pas partie des tribus, celles des pupilles, des veuves, des femmes (*sui juris corbœ*). et des individus rangés au rang des *œrarii*.

Tous les citoyens étant ainsi recensés, les censeurs procèdent à la revue ou *recognitio* des chevaliers *equo publico* (1).

Celle-ci a lieu au Forum. Un crieur (*prœco*) appelle individuellement (*tributim*) (2) chaque *eques* des dix-huit centuries. Le chevalier se présente alors conduisant son cheval par la bride. S'ils le maintiennent dans le corps, les censeurs lui disent : *traduc equum* (3). Si, au contraire, ils jugent que son âge, son incapacité physique ou le déréglement de ses mœurs (*impolitiœ causa*) (4), nécessitent son exclusion de la chevalerie, les censeurs le notifient en disant : *vende equum* (5).

Après avoir procédé à ces opérations, les censeurs complètent les centuries avec les nouveaux chevaliers (*equum publicum assignare*) (6) et donnent lecture publique de la nouvelle liste des *equites* (*recitare*) (7).

Ces divers renseignements une fois obtenus, les censeurs dressent enfin la liste définitive de tous les citoyens par tribus et centuries et déterminent pour toute la durée du *lustrum* la classe à laquelle appartiendra un citoyen quelconque.

---

(1) Liv. XXIX, 37.
(2) Liv. XXIX, 37 — Val-Max, II, 9, 6 ; IV, 1, 10.
(3) Val-Max, IV, 1, 10. — Cic, *pro Cluent.*, 48 § 134.
(4) Aul-Gell, IV, 12, 2.
(5) Liv. XXIX, 18 ; Cic., *de Orat*, II, 71 § 287.
(6) Liv. V, 7, XXXIX, 19 etc.
(7) Suèt. *Calig.*, 16.

Les listes des votants aux comices tributes et centuriates (*tabulæ censoriæ*) sont conservées aux archives des censeurs, une copie en est déposée au Trésor public ou *œrarium*.

Les archives des censeurs étaient elles-mêmes conservées après la seconde guerre punique au portique du Temple de la Liberté sur l'Aventin (1) puis plus tard au *tabularium* du Capitole construit par Q. Lutatius Catulus qui fut consul en 78 av. J.-C. (676 U. C.).

Nous empruntons à Belot (2) les résultats de quelques recensements. Le nombre des citoyens dénombrés était de :

Sous Servius.	80.000
En l'an 427 avant J.-C.	120.000
— 340 —	165.000
— 318 —	250.000
— 293 —	262.322
— 287 —	272.000
— 243 —	251.000
— 220 —	270.213

Les censeurs n'opéraient pas seulement le classement des citoyens en tenant compte des éléments matériels et de leur fortune, ils exercent encore un sévère contrôle sur la moralité et la vie privée des déclarants par leur *regimen morum*.

Ils peuvent frapper de leur note censoriale tout citoyen qui s'est rendu coupable d'un fait de nature à nuire à la prospérité matérielle et morale de la République ou qui a négligé d'accroître cette même

(1) Liv. XXIV, 16.
(2) Belot, Hist. des Chev. Rom., t. I, p. 365.

prospérité. Ainsi tombent sous la flétrissure des censeurs des actes comme le parjure, le luxe, l'indécence, le célibat, la dureté, la lâcheté, la mauvaise administration du patrimoine, etc.

La note des censeurs (*animadversio, notatio*) se donne sans qu'il y ait lieu à une procédure spé-- ciale, il n'est même pas nécessaire d'entendre ou d'appeler l'intéressé. En général cependant, le censeur motive sa décision en regard du nom du citoyen jugé indigne (*subscriptio censoria*).

La punition (*ignominia* (1) ou *minus existimatio* (2), a différents degrès et le censeur peut :

1° *Senatus movere* ou *prœterire* ;
2° *Equum publicum adimere* ;
3° *Tribu movere* ou *tribu mutare jubere* (3) ;
4° *Tribulus omnibus movere* ou *œrarium facere*.

La première et la seconde de ces peines ne peuvent atteindre que certaines catégories de personnes, elles peuvent alors se cumuler avec la troisième et la quatrième.

En définitive, les censeurs règlent à leur gré le rang politique des citoyens et le diminuent par un pouvoir souverain qui ne connaît d'autres limites que l'opposition de l'autre censeur, mais du moment qu'ils agissent de concert, toute *intercessio* même de la part d'un tribun du peuple, est impossible contre eux.

Malgré les luttes auxquelles ce pouvoir exorbi-

---

(1) Cic., *pro Cluent*, 42 § 48.

(2) Cic., *de rep*. V, 6.

(3) Les censeurs pouvaient notamment reléguer un citoyen dans une des tribus urbaines moins considérées que les autres (L. Cic., *pro Cluent*. 43 § 122 ; — Liv. XLV, 13.

tant donna lieu, les censeurs continuèrent toujours à exercer le plus grave de leurs droits, celui de rayer de la vie politique un citoyen quelconque.

En 58 avant J.-C., (696 U. C.) le tribun Clodius voulut assimiler la *nota* à un *judicium,* ce qui rendait le débat contradictoire, mais sa loi fut abrogée en l'an 52. (602 U. C.) (1).

Les opérations de recensement étant ainsi terminées, le cens se clôt par une grande cérémonie religieuse de purification, le *lustrum* (2). Au jour fixé d'avance par un des censeurs, le peuple se réunit sur le Champ-de-Mars suivant la nouvelle organisation que lui a donné le cens. Le censeur célèbre le sacrifice de trois animaux connu sous le nom de *suovetaurilia* et prononce à haute voix (*lustrum condere*) une formule solennelle de prière pour la prospérité et l'accroissement de la puissance romaine.

Voici la formule qu'il emploie : « *Ut (dii immortales) populi Romani res meliores amplioresque fecerent.* »

Quand après avoir détruit Carthage, Rome ne se connaissant plus de rivale, put se croire la maîtresse du monde et être arrivée au faîte de sa grandeur, Scipion Emilien au milieu de l'ivresse de la victoire, songea à l'avenir de Rome et, rapporte Polybe, entrevît la chute de son empire dans les brumes de l'avenir. Aussi fit-il modifier le texte consacré (3) et désormais les censeurs ne demandèrent plus aux dieux immortels que le

(1) Cic., *pro Sext*, XXV, 55.
(2) Liv. I, 44.
(3) Val-Max, I V, 1, 10.

maintien perpétuel de la prospérité présente : « *Ut res perpetuæ incolumes servarent.* »

Il nous faut voir maintenant dans quelles divisions se répartissaient les citoyens romains, divi-sions que le cens avait pour principale mission d'établir ou de constater.

CHAPITRE IV

DES GROUPEMENTS ÉLECTORAUX. — TRIBUS

ET CENTURIES

La tribu est certainement l'un des rouages les plus importants de la constitution romaine; malheureusement elle ne nous est connue que par des hypothèses plus ou moins ingénieuses et solidement étagées et peut-être les romanistes éprouveraient-ils des surprises désagréables, si des documents précis comme le livre de Varron sur les tribus, étaient un jour retrouvés. Que la tribu est une circonscription administrative et dont l'origine remonte à Servius Tullius; voilà ce qu'il y a de plus certain sur la matière qui nous occupe.

Servius Tullius partagea le territoire romain en un certain nombre de circonscriptions ayant vraisemblablement un caractère religieux ou politique; les hésitations commencent sur le point de savoir quel est le nombre de ces tribus, et les hypothèses se donnent librement carrière; la controverse n'est d'ailleurs pas jeune, elle s'élevait déjà entre les auteurs anciens, et l'on comprend qu'une solution est difficile là où les Romains eux-mêmes n'étaient pas d'accord.

C'est ainsi que Tite-Live (1), Aurélius Victor (2) et Caton déclarent que sous Servius il n'y eut que quatre tribus, celles qui furent plus tard appelées urbaines et qui s'appelaient *Palatina, Suburrana, Collina, Esquilina.* — Au contraire, Fabius Victor, Varron et Denys (3) ajoutent aux quatre tribus précédentes vingt-six ou vingt- sept nouvelles tribus rustiques, ce qui porte le total à trente ou trente et une. Peut-être s'agit-il là, comme l'a fait remarquer Belot, de districts religieux ruraux ou *pagi* qui furent plus tard érigés en tribus.

Nous ne voulons pas au surplus étudier cette question des plus obscures et controversées que nous ne faisons qu'indiquer.

Une seule chose paraît sûre et c'est là le point de départ des théories modernes; au début de la République, Rome comptait vingt-et-une tribus.

La majorité des auteurs modernes, Mommsen (4), Belot (5), Willems (6) entre autres, se rangent à l'opinion de Tite-Live, bien qu'il semble, d'après l'historien lui-même, que sa division ne

---

(1) Liv. VI, 5 et I, 45.
(2) *De Vir.*, 7.
(3) Denys, IV, 4, 6.
(4) Hist. Rom., I, p. 124.
(5) Hist. Chev. Rom., I, p. 41.
(6) Dr. publ. Rom., p. 46.

visait que la ville même de Rome (*urbe*). D'ailleurs il semble assez difficile que par son accroissement naturel, la population de Rome pût passer de 4 à 21 tribus dans l'espace de temps qui sépare Servius de la République, alors qu'aucune conquête ne vient agrandir le territoire romain.

Nieburh (7), Madvig (8) et Duruy se rattachent au nombre de Denys, et nous croyons que c'est avec raison. Si de 30 tribus, Rome tombe à 21, c'est probablement à la suite de sa prise par Porsenna après la chute de la royauté. Malgré les brillants récits de Tite-Live sur l'héroïsme d'Horatius Coclès, de Mucius Scœvola, de Clélie, Rome n'en fut pas moins prise par le roi étrusque et dut peut-être subir une réduction de territoire qui ramena ses tribus au nombre de vingt auxquelles vint s'ajouter la tribu Claudia.

Quoi qu'il en soit au deuxième siècle de sa fondation, en plus des quatre tribus urbaines précitées, Rome comptait dix-sept tribus rustiques : Æmilia, Camilia, Claudia, Cornelia, Fabia, Galeria, Horatia, Lemonia, Menenia, Papiria, Pollia, Papinia, Sergia, Romilia, Veturia, Voltinia et Clustuminia ou Crustuminia. Cette dernière, porte seule un nom local, les autres portent les noms de *gentes* patriciennes.

Ces diverses tribus ne sont plus d'ailleurs fondées sur l'idée de race et constituent de simples divisions administratives et géographiques. D'ailleurs le nombre des tribus ne fit que s'accroître;

---

(7) Hist. Rom., II, p. 153.
(8) Etat Romain, I, p. 112.

malgré son peu d'étendue géographique, Rome attirait à elle les peuples voisins. L'année même où elle fut prise par les Gaulois, en 389 av. J.-C. (365 U. C.), elle offrit le *jus civitatis* aux habi-tants de Véies, de Capènes et de Valérie comme récompense de leur alliance, ceux-ci acceptèrent l'annexion comme une honneur et formèrent les tribus Arnensis, Sabatina, Stellatina et Tromen-tina (387) (1). Plus tard Antium et Terracine furent répartis dans les tribus Promptina et Publilia (358) (2). A l'annexion pacifique vient s'ajouter la conquête armée; après les guerres Latine et Sam-nite, Rome fit avec Lanuvium, Aricie, Nomentum et Gabies, la Mœcia et la Scaptia (332) (3); avec Tusculum et Velitres, l'Oufentina et la Valeria (318) (4); avec le Samnium, l'Aniensis et la Teren-tina (299) (5). Enfin après la seconde guerre puni-que, toutes les populations sabines après l'obten-tion du *jus suffragii* furent rangées dans la Velena et la Quirina (241) (6).

Le nombre de 35 tribus est dès lors constitué et il demeurera sans variations désormais, au moins d'une manière stable.

Le caractère géographique de la tribu se perd de plus en plus pour disparaître bientôt et l'on voit inscrits ensemble dans la tribu Voltinia des Gaulois et des Macédoniens. On ne sait pas d'ail-

---

(1) Liv. VI. 5.
(2) Liv. VII, 15.
(3) Liv. VIII, 17.
(4) Liv. IX, 20.
(5) Liv. X, 9.
(6) Liv. Epit., 19.

leurs sur quelles bases se faisait la répartition des nouveaux citoyens dans les tribus déjà existantes.

Aprés la guerre sociale et les lois Plautia Papiria et Julia, les Italiens qui reçurent alors le droit de cité furent répartis dans 8 ou 10 tribus nouvelles (1). On voulait ainsi combattre l'influence politique de ces citoyens étrangers, de ces habitants d'Arriminum, de Bologne, de Tarente, de Rhegium, dans les assemblées de Rome. Peut-être même les nouvelles tribus furent-elles prises parmi les 35 anciennes, car aucun texte n'en donne le nom.

Toutefois la création de nouvelles tribus. votant les dernières, nous paraît plus conforme au caractère romain, retenant d'une main ce qu'il donnait de l'autre, n'accordant en réalité à l'Italie qu'un titre, mais à Rome, des recrues pour les émeutes et la guerre civile.

En 88 av. J.-C. (666 U. C.), le tribun Sulpicius, du parti de Marius et des Italiens, répartit ces derniers dans les trente-cinq tribus anciennes (2), mais Sylla rentré dans Rome à la tête de ses soldats, abrogea toutes les lois de Sulpicius qu'il mit à mort.

Toutefois Cinna uni à Marius, reprit en 87 la loi de Sulpicius et Sylla dût la respecter ; le tout puissant proconsul se contenta d'exclure certains peuples trop évidemment favorables au parti de Marius, les Samnites et les Lucaniens, qui avaient

---

(1) Vell., Paterc. II, 20.
(2) Liv., *Epit.*, LXXVII, LXXXVI.

failli le chasser de Rome, les habitants de Vole-
terræ, d'Arretium en Etrurie.

Arrivons maintenant à la plus grosse question
que souléve l'institution des tribus. Quel est le lien
qui rattache le citoyen à la tribu, ou en d'autres
termes, sur quelles bases s'appuie-t-on pour déclarer que tel citoyen fait partie de telle tribu?

Un premier système qui a pour lui l'autorité des
noms de Lange, Nieburh et surtout Mommsen,
déclare que sous Servius, la tribu était réelle et
non personnelle, en ce sens que l'inscription dans
une tribu dépendait des immeubles que le citoyen
possédait sur telle partie du territoire romain.
Mommsen s'appuie à cet effet sur un texte de
Cicéron (1). « *In quâ tribu denique ista prœdia
» censuiti* », texte unique qui nous paraît être une
base bien fragile, étant donné la tendance des orateurs et souvent de Cicéron, aux amplifications
de rhétorique, ne voilant que trop la vérité.

D'ailleurs Mommsen en présence des inscriptions qui révèlent membres des tribus des fils de
famille, ne possèdant évidemment aucun immeu-
ble, est bien forcé d'admettre qu'à l'époque de la
guerre sociale, la tribu est devenue personnelle;
il essaie bien de répondre que ce fut là une consé-
quence de l'intrusion des Italiques, pour qui la
tribu ne pouvait être que personnelle et que la
même règle fut étendue aux anciens citoyens par
une loi de date et d'origine inconnues. Mais n'est-
ce pas se lancer dans des hypothèses purement
gratuites?

---

(1) Cic. *Pro Flacc.*, 32, 80.

Le système préconisé par Mommsen eût donné lieu en pratique à des difficultés des plus sérieuses, dont les auteurs nous auraient laissé la solution, alors qu'ils n'y font même pas allusion et ne semblent pas les connaître. Ainsi ceux qui auraient possédé des biens dans deux régions eussent eu droit à l'inscription dans deux tribus, tandis que ceux qui ne possédaient rien, auraient été déchus de la qualité de *tributes,* partant de leurs droits effectifs de citoyens ?

De même encore, il semble étrange qu'un simple échange de propriétés foncières permit de changer à son gré de tribu.

D'ailleurs, nous voyons que la qualité de propriétaire foncier a été prise exceptionnellement en considération pour l'inscription des affranchis dans les tribus (1), donc ce n'était pas la règle générale.

Aussi admettrons-nous, sans hésiter, avec Mispoulet, que la tribu est un statut personnel et héréditaire, fondé sur le domicile.

Lorsque Servius divisa le territoire Romain en tribus, chaque citoyen dût avoir son domicile légal dans l'une d'elles (2) considérée comme faisant partie de la ville même de Rome (3), tout citoyen reçut la possession d'une partie du sol de la cité ou *heredium* et le domicile légal devint héréditaire et immuable. Dans la législation primitive de la royauté, il était d'ailleurs normal de faire appel à l'attachement naturel de l'homme pour les

---

(1) Liv., LXV, 15.
(2) Liv., II, 16.
(3) Denys., III, 1 ; IV, 13

biens où ses ancêtres sont nés, ont vécu et sont morts. Convertir ce lien instinctif en un lien juridique, rattacher les générations au berceau de la famille, était bien plus dans l'esprit des Romains du temps de Servius, que de s'attacher à la propriété foncière, qui suppose des relations sociales en dehors de la famille.

Seulement, comme en changeant de domicile on ne changeait pas pour cela de tribu, il ne tarda pas à s'établir une distinction de fait entre le domicile réel (*regio*) et le domicile d'origine et politique (*origo*).

Avec ce système, on comprend parfaitement ce que la doctrine de la réalité de la tribu est impuissante à expliquer; à savoir que tous les citoyens sont en principe *tribules* et que seul le censeur peut changer un citoyen de tribu. Ce dernier pouvoir explique vraisemblablement ce fait qu'a objecté Mommsen: qu'à l'époque des Gracques, on trouve des membres de la même famille dans différentes tribus; ici, le pouvoir censorial a fait obstacle a l'effet de l'hérédité de la tribu.

Nieburh a soutenu que les tribus ne comprenaient que des plébéiens et que les patriciens n'y entrèrent qu'à l'époque de la loi des XII tables ; déjà membres des curies, les patriciens n'avaient que faire dans l'organisation nouvelle.

Cette théorie ne nous paraît pas fondée; d'abord si la tribu, ce que prétend Nieburh, est basée sur le principe de la propriété, il serait bien étrange que les propriétaires patriciens eussent moins de prérogatives politiques que les propriétaires plébéiens. De plus, Nieburh a lui-même mis en lumière avec une grande précision, qu'au début, tout au moins, la division en tribus eut pour principal objectif la perception de l'impôt et l'enrôlement militaire, comment dès lors n'eût-elle pas compris les patriciens, les premiers soldats et les premiers contribuables? On a d'ailleurs trouvé des inscriptions où le nom des patriciens est suivi de l'indication de la tribu absolument comme pour les plébéiens, et on a des exemples de patriciens exclus des tribus par les censeurs. Dans tous les cas, dès 431 av. J.-C. (323 U. C.); on trouve le dictateur Mamercus Æmilius et plus tard le dictateur Camille inscrits dans les tribus.

Un autre argument en faveur de la présence des patriciens dans les anciennes tribus se tire de ce que celles-ci portaient précisément le nom de *gentes* patriciennes, comme nous l'avons déjà fait remarquer. Nieburh répond bien que l'on évoquait ici le patronage d'un héros, mais n'est-il pas naturel de penser que ce héros fut choisi précisément parce que la tribu comptait ses descendants parmi elle?

Sous la République, avec l'institution des comices tributes, la tribu prit une grande importance, qui ne fit que s'accroître avec la réforme des comices par centuries, jusqu'à ce que l'Empire fit retomber les tribus au rang de simples subdivisions administratives.

Les membres de la tribu (*tribules*) ont pour chef un curateur administratif (*curator tribus* (1).

Dès le début de la République, il s'établit une

---

(1) Varr. *de l. l.* VI, 9.

différence importante entre les tribus urbaines et les tribus rurales, celles-ci formées presque exclusivement de patriciens et de plébéiens propriétaires fonciers; tandis que les tribus de la ville étaient remplies de gens pauvres et d'affranchis, clients des patriciens qui pouvaient les replonger dans l'esclavage pour dettes, abjecte populace à laquelle Manlius Capitolinus disait: « Comptez-» vous du moins et comptez vos adversaires... » Autant vous avez été de clients autour du pa-» tron, autant vous serez contre un seul ennemi » (1) Mais cette foule lâche laissa égorger son défenseur.

Les hommes politique de Rome, au moins ceux qui cherchaient à maintenir les antiques vertus, ne cachèrent jamais leur mépris pour la plèbe urbaine, toujours en quête de séditions et à la solde des agitateurs de profession. Le passage suivant de Cicéron (2) éclaire d'un jour vif les tendances de celui qui crut avoir arrêté quelque temps les passions démagogiques : « Penses-tu, dit-il à Clodius, » que le peuple romain soit le peuple composé de » ces gens qui se vendent à tant la journée? que » l'on pousse à faire violence aux magistrats? à » mettre le siége autour du Sénat? à demander » chaque jour le meurtre, l'incendie, le pillage? ce » peuple que tu ne pouvais rassembler en nombre » suffisant qu'en faisant fermer les boutiques? ce » peuple à qui tu avais donné pour chefs les Lenti-» dius, les Lollius, les Plaguleius, les Sergius?

---

(1) Liv, VI, 13, 20.
(2) Cic. *Orat pro domo sua* XXXIII.

» Quel peuple romain digne d'inspirer le respect et
» la terreur aux rois, aux étrangers, aux nations
» les plus lointaines! Une multitude ramassée
» parmi les esclaves, les gens à gages, les bandits,
» les misérables! — Mais le peuple romain, tu l'as
» vu au Champs-de-Mars, dans sa grandeur et
» sa beauté imposante, lorsque toi-même tu as le
» droit d'essayer contre l'autorité du Sénat, contre
» les sympathies de l'Italie entière, l'effet de ta
» parole. Voilà le peuple vainqueur de toutes les
» nations, tu l'as vu, misérable, dans cette brillante
» journée, où tous les chefs de la cité, de tous les
» âges, de tous les ordres, croyaient voter non sur
» le salut d'un homme, mais sur celui de la cité
» entière; lorsqu'enfin le Champ-de-Mars se rem-
» plit d'hommes qui ont abandonné pour venir,
» non des échoppes, mais des municipes ».

Malheureusement pour Rome, le parti que Cicéron voulait constituer avec les petits propriétaires
de la campagne, ne put jamais gouverner d'une
manière stable, ce ne fut qu'une opposition honnête,
mais impuissante. L'influence dissolvante du prolétariat urbain continua à s'étendre et la République était mûre pour un maître.

La crainte que les Romains amoureux de leur
ville et de leur liberté avaient envers leur populace
se traduit bien par ce fait éloquent que si la banlieue compte trente-et-une tribus la ville n'en
compte que quatre, et ce nombre fixé dès Servius
ne change pas, bien que chaque jour Rome
s'agrandisse d'habitants nouveaux; elle peut devenir, comme le dit Lucain, capable de contenir
le monde entier, elle n'aura toujours que ses quatre

tribus. C'est que les gens sages savent bien quel péril renferme cette plèbe, ce qui arriverait avec l'avénement au pouvoir de ces gens qui n'ont rien, qui vivent de la libéralité intéressée de l'aristocratie, assidus au cirque ou à l'amphithéâtre, ayant sous un costume de citoyen tous les vices de l'esclave. On sait par expérience les réformes qu'ils méditent, et combien facilement on les soulève en leur jetant en pâture l'abolition des dettes et le pillage de quelques maisons. Ces problèmes sociaux que Rome n'a pu qu'étouffer au lieu de les résoudre ne se posent même pas au sein des tribus rustiques. Avec ces petits propriétaires, essentiellement conservateurs des traditions, qui ne passent pas leur vie au pied de la tribune aux harangues, mais bien à un salutaire travail, il n'y a pas à craindre l'effondrement dans l'anarchie de l'édifice social; il suffit de les voir avec Varron arriver à Rome le jour des *nundinæ* rasés de frais, vêtus de leurs beaux habits, graves et gauches, avec leurs robustes familles. Les plaisants de la ville se rient bien de leur langage grossier, de leurs mains qui sentent l'ail et l'ognon, mais ce n'en sont pas moins des gens de cœur. Aussi sont-ils les maîtres des assemblées tributes et ont ouvertement la part la plus large et la meilleure.

Les hommes les plus libéraux, les meilleurs citoyens de Rome ne s'affligent nullement de cette inégalité, et s'en glorifient plutôt. Les Romains pas plus que les Grecs, n'ont jamais connu le fétichisme du nombre.

Imbus du même esprit qui, de nos jours, fait regretter aux libéraux doctrinaires l'intrusion du suffrage universel, les politiques de l'antiquité ont vu dans la souveraineté de la foule la ruine de l'Etat. Leur théorie a été exprimée d'une manière énergique par Cicéron (1) : « *Curavitque, quod sem-* » *per in republica tenendum, ne plurimum valeant* » *plurimi.* » Il ne faut pas que les plus nombreux soient les plus puissants ; et devront seuls être puissants ceux qui sont utiles à l'Etat et ont le plus d'intérêt à sa conservation, c'est-à-dire à Rome, les riches qui ont tout à perdre à un bouleversement général, les cultivateurs qui ont toujours peur d'être spoliés de la terre qu'ils fertilisent de leurs labeurs. Le pouvoir politique du citoyen n'a donc pas la même valeur pour tous et dans l'élection ont le plus de votes ceux qui rendent le plus de services à la République. L'égalité absolue est pour les hommes politiques romains la plus violente des inégalités : « *Ipsa œquitas iniquissima est.* »

Au vote individuel qui nous paraît aujourd'hui plus juste et plus naturel, les Romains ont préféré le vote collectif, permettant de grouper, de cantonner en quelque sorte en une influence restreinte tous les éléments de désordre social, si nombreux fussent-ils, et d'assurer sans peines ni intrigues, la prépondérance des éléments conservateurs.

Si la tribu est comme la base fondamentale de l'organisation politique et électorale romaine, base dont l'importance ne fit que s'accroître jusqu'à la fin de la République, il est une autre division des citoyens actifs dont l'importance, au point de vue électoral en particulier, égale, ni elle ne la dépasse

____

(1) Cic., *de rep.*, II, 22.

7

pas, celle des tribus. — Avec le temps, en effet, l'assemblée des tribus était devenue très important; nous verrons plus tard combien sa compétence électorale était étendue; mais néanmoins l'affaire la plus grave dans la vie politique de la cité, l'élection des consuls, est toujours restée aux comices par centuries, groupement politique que nous avons maintenant à étudier.

On peut donner une idée des centuries en disant que ce sont des divisions à base timocratique, revêtant une forme militaire et où chaque citoyen jouit d'une influence politique proportionnée à sa fortune et aux services qu'il peut rendre à l'Etat.

Jetons d'abord un rapide coup d'œil sur l'origine historique des centuries.

Sous les premiers rois, aux temps presque fabuleux de Romulus et de Numa Pompilius, les citoyens, c'est-à-dire les descendants de ceux qui ont fondé Rome, composent l'unique assemblée des curies, que les Romains ont toujours religieusement conservée, se contentant de symboliser par trente licteurs les citoyens absents. — Mais autour de Rome naissante, dans sa banlieue en quelque sorte, viennent se former de nouveaux groupements d'habitants, attirés par la fortune de la jeune ville ou transplantés là par la conquête. C'est la plèbe, que le patriciat romain regarde comme des sujets et auxquels il ferme dédaigneusement l'accès de ses comices, n'y voyant pas de véritables citoyens. Mais chaque année voyait s'accroître le nombre des plébéiens et avec leur nombre, leur importance et leurs réclamations, et un jour vint où il fallut leur remettre une part du gouvernement de la cité. Ne l'eût-on pas fait d'ailleurs, c'était courir à une révolution violente, ou pour prendre les choses au mieux, faire des Romains un peuple exclusif, n'ayant partout que des sujets et vivant comme Athènes, dans la perpétuelle crainte d'un soulèvement général.

Fixer à jamais les plébéiens au sol de la cité, telle fut l'œuvre du roi réformateur Servius, qui, dans sa lutte contre le patriciat, rechercha l'alliance de la plèbe opprimée, avec laquelle il s'unit d'autant mieux, qu'il n'était probablement lui-même qu'un étranger, un chef de bande qui s'était imposé aux Romains ; à côté donc de l'assemblée des curies, ouverte aux seuls nobles, apparut celle des centuries, où tous, patriciens et plébéiens votaient ensemble.

Nous devons toutefois mentionner ici l'opinion de Belot, qui ne voit dans le cens de Servius qu'une simple statistique du nombre et de la richesse des défenseurs de Rome. Pour lui, à la chute de la Royauté, les patriciens établirent les comices par centuries, où, comme nous le verrons, ils s'arrogèrent la part du lion, ils crurent toutefois habile de se mettre sous la protection du nom vénéré de Servius, prétendant n'exécuter que son testament, et établir une forme de gouvernement démocratique au profit de laquelle Servius avait, disaient-ils, l'intention d'abdiquer. Il faut bien avouer que l'histoire de ces anciens âges est tellement entourée d'obscurités et d'erreurs qu'il est assez difficile de se prononcer pour ou contre l'hypothèse de Belot, nous remarquerons toutefois que la majorité des historiens attribue au roi Servius l'honneur de la réforme qui nous occupe.

Quoiqu'il en soit, voici à peu près quelle était la composition probable de l'assemblée centuriate dans les premiers temps de la République.

Comme nous l'avons dit, l'assemblée centuriate a un cachet tout militaire. Le citoyen romain qui est en état de payer l'impôt, est seul apte à faire partie des armées de la République et à voter aux centuries. Ceux qui n'ont pas une fortune de quinze cents as, ne paient pas l'impôt et sont, au moins dans les premiers temps, exempts du service militaire, l'Etat ne leur demande que des enfants (*proletarii*) et sur les registres du cens, ils ne sont comptés que pour leur tête (*capite censi*) comme les esclaves et le bétail.

L'ensemble de ceux qui peuvent faire partie des légions, l'ensemble des citoyens imposables par conséquent, forme l'armée urbaine (*exercitus classis*) dont tous les membres doivent être inscrits dans une tribu et s'appellent les *assidui* (*de ab œre dando*). *L'assiduus*, s'oppose au *proletarius* ainsi que l'on peut l'inférer de la loi des XII tables elle-même : « *Assiduo vindex assiduus esto, proletario civis quivis volet vindex esto* ».

Les citoyens se divisent en *equites* et en *pedites*. Ces derniers sont eux-mêmes répartis en cinq classes, subdivisées enfin en un certain nombre de centuries. Le nombre de centuries que renferme une classe est toujours pair et les citoyens sont divisés en deux groupes qui ont chacun le même nombre de centuries, les *juniores* (de 17 à 45 ans révolus) et les *seniores* (au-dessus de 45 ans).

Il ne s'agit ici bien entendu que de la centurie, subdivision des comices et non du corps militaire du même nom, si incontestablement il y a de grandes ressemblances entre l'organisation des armées romaines et celle de l'assemblée centuriate, nous croyons qu'il ne faut pas pousser trop loin l'analogie, aller par exemple à admettre avec Lange, que toutes les centuries de *juniores* comprenaient le même nombre de membres, comme constituant des sections militaires de force égale, il en résulterait que les 8/17 des citoyens romains appartenaient à la première classe, c'est-à-dire que presque la moitié de la population de Rome était composée de gens riches, chose inadmissible, surtout en face des incontestables documents historiques qui nous montrent les masses profondes et pauvres des plébéiens en lutte contre l'aristocratie romaine.

Nous avons vu d'ailleurs qu'il était fort probable que les citoyens âgés de plus de 60 ans n'appartenant plus à l'armée par conséquent, continuaient à voter aux comices centuriates; on peut donc penser que la composition de la centurie politique variait suivant les classes et dans chaque classe, suivant qu'il s'agissait de *juniores* ou de *seniores*. Nous verrons même plus tard que ce fut l'idée cachée de l'aristocratie.

Les *equites* sont répartis en 18 centuries, recrutées parmi les citoyens qui avaient le cens le plus élevé (1) et sur lesquels nous aurons à donner quelques détails.

Les *pedites*, c'est-à-dire l'immense majorité du peuple romain, sont, nous l'avons dit, répartis en

---

(1) Cic., *de rep*, II, 22.

cinq classes. Ces dernières comprennent chacune
un nombre de centuries variable, que le tableau
suivant permet d'apprécier d'un coup d'œil :

	NOMBRE des CENTURIES	CENS	NOMBRE DES CENTURIES	
			Juniores	*Seniores*
1re Classe.	80	100.000 as.	40	40
2me Classe.	20	75.000 »	10	10
3me Classe.	20	50.000 »	10	10
4me Classe.	20	25.000 »	10	10
5me Classe.	30	12.500 »	15	15
Total.	170			

Il faut ajouter à ce tableau deux centuries d'ouvriers se livrant à des métiers utiles, tel que le
travail du fer et du bois (*œrarii, tignarii*), centuries votant d'après Denys avec la seconde classe,
d'après Tite-Live, avec la première. Les joueurs
de trompette ou de clairon (*tubicines, cornicines*)
indispensables à la guerre, composent d'après
Denys deux centuries votant avec la quatrième
classe, d'après Tite-Live trois votant avec la cin-
quième classe. Enfin la multitude de ceux qui
n'ont rien ou du moins qui ne peuvent réunir le
cens nécessaire pour être classés, forment une
dernière centurie (*extra classem*), celle des *capite
censi* (1); que composent aussi les *proletarii*,
considérés comme impropres au service militaire

_____

(1) Liv. I, 43. II, 9. Denys; IV, 18; VII, 59.

et exclus par conséquent des classes (1), ainsi que les affranchis, à cause de leur naissance servile.

En additionnant ces diverses centuries et en tenant compte des dix-huit centuries équestres, qui votaient même avant la première classe, on trouve un total de 193 ou 194 centuries. Toutefois un texte énigmatique de Cicéron (2) où l'auteur paraît avoir confondu la constitution de son temps avec celle des premiers âges de la République, incline à faire admettre comme probable le nombre de 193 centuries, qui ressort des explications de Denys d'Halicarnasse.

Les sommes portées au tableau précédent indiquent le minimum, non de revenu, mais de capital susceptible d'être recensé, nécessaire pour figurer dans la classe correspondante. Pendant longtemps, on n'évaluait comme capital utile que les biens les plus précieux, les *res mancipi* possédées *ex jure quiritium* et probablement les seuls fonds de terre, dont on pouvait facilement déterminer l'étendue et par suite la valeur approximative. Ce ne fut guère qu'après les décemvirs, probablement à la censure d'Appius, 312 av. J.-C. (442 U. C) que l'on prit l'habitude d'évaluer en argent la fortune des citoyens et d'y comprendre ainsi tous objets, mobiliers ou non. Cette évaluation se fait en as, monnaie romaine; alliage de plomb, de cuivre et d'étain, dont la valeur a beaucoup varié; valant nominalement 12 onces, l'as n'a jamais valu réellement que 10 onces (ou

---

(1) Denys ; IX, 25.
(2) Cic. *de Rep.* II, 22.

à peu près) (*asses librarii, librales aut grave*).
Vers 269 av. J.-C. (513 U. C.), l'as ne vaut plus
que 4 onces (as trieniaire) vers 244, 2 onces et vers
217, 1 once.

Mais quelque temps après, une loi Papiria
réduisit l'once à un demi as.

C'ést un intéressant problème et non des moins
discutés, que celui de savoir à quelle sorte d'as se
rapportent les sommes mentionnées par les historiens anciens comme requises pour faire partie
des classes. Malheureusement on est réduit, sur
ce sujet, à des conjectures plus ou moins bien fondées. Tandis que Soltau et Francken croient qu'il
s'agit d'as de 4 onces ou trientaires, Pline l'Ancien (1)
et Belot (2) y voient des *asses librales*. La majorité
des savants modernes admettent avec Denys (3)
qu'il est question d'as de deux onces ou sextentaires, en s'appuyant entre autres raisons sur ce
fait que les auteurs anciens se réfèrent à l'époque
de la réforme des comices centuriates, époque à
laquelle l'as devint sextentaire.

Mais il faut bien reconnaître que la question est
loin d'être élucidée, les arguments mis en avant
des deux côtés sont loin d'être péremptoires et leur
similitude montre leur faiblesse. Ainsi d'une loi
Julia Papiria *de mulctarum œstimatione* 430 av.
J.-C. (324 U. C.) (4), qui évalue la valeur d'un
bœuf à 100 *asses librales* et celle d'une brebis

---

(1) Pline, XXXIII, 13.
(2) Histoire des Chev.Rom. t. I p. 250 et suiv.
(3) Denys, IV, 16.
(4) Aul.-Gell, XI, 1.

à 10, on peut logiquement conclure qu'il serait étrange que les citoyens composant la première classe possédassent une fortune équivalente à 1,000 bœufs ou à 10,000 brebis et ceux de la dernière classe, assurément peu fortunés, la valeur de 125 bœufs, somme importante même de nos jours.

En sens contraire on voit Belot argumenter de ce qu'en 398 av. J -C. (356 U. C.) (1), on connaît deux tribuns militaires frappés d'une amende de 10,000 as d'une livre (ou 10,000 as sextentaires) amende aussi édictée par la loi de Licinius Stolon en 365 av. J.-C. (2) ; de même quand le Sénat pour récompenser d'une dénonciation de complot deux esclaves, leur attribuait, en 416 av. J.-C., une récompense de 10,000 as d'une livre, il est, dit notre auteur, peu vraisemblable que ces esclaves fussent aussi riches que les premiers citoyens de l'Etat. De même encore, on trouve en 212 av. J.-C. (542 U. C.), un publicain, Postumius de Pyrgi, frappé d'une amende de 200,000 as, sextentaires cette fois (3), amende qui serait, d'après le système de Denys, le double du cens de la première classe.

On pourrait toutefois objecter à Belot que ce système de raisonnement par l'absurde n'est pas très sûr et que souvent dans l'antiquité, les amendes dégénéraient en confiscation totale. Quoiqu'il en soit, nous laissons le lecteur juge de la question,

---

(1) Liv., V, 12.
(2) Liv., VII, 16.
(3) Liv., XXV, 3 et 4.

qui n'a d'ailleurs qu'une importance assez secondaire pour notre sujet.

Dans l'assemblée des comices, dont nous venons d'étudier l'organisation, chaque centurie jouit d'une voix et c'est ici que se révèle la tactique ordinaire de l'aristocratie romaine. Elle a paru abdiquer ses priviléges et se résigner au gouvernement démocratique de tout le peuple, mais sa concession est plutôt une satisfaction morale donnée à la plèbe qu'une révolution véritable. Sans doute, chaque citoyen a le droit de suffrage, le plébéien n'est plus écarté du gouvernement de la cité, mais son vote n'a qu'une bien faible part d'influence. Que faut-il en effet pour réunir la majorité? Que 97 ou 98 centuries votent dans le même sens. Eh bien ! l'habileté du parti aristocratique a été précisément de se réserver cette majorité. Les classes ont en effet été divisées en un nombre de centuries presque inversement proportionnel au nombre de citoyens qu'elles renferment. Les 80 centuries de la première classe, appartenant à l'aristocratie, jointes aux 18 centuries de chevaliers, recrutées parmi la plus haute noblesse de Rome, réalisent exactement la majorité absolue. Que l'accord se fasse entre elles, ce qui ne manque jamais dans les affaires importantes, et la majorité des citoyens n'a plus qu'à s'incliner devant la volonté d'une poignée de riches et de nobles, qui disposent de tout.

D'ailleurs, les Romains eux-mêmes n'ont pas été dupes de l'organisation des centuries, telle qu'on l'attribue à Servius, Tite-Live remarque même son habileté à conserver la souveraineté, comme dans l'assemblée curiate, par une habile combinaison qui lui réservait le pouvoir effectif, en abandonnant une vaine ombre à la plèbe.

Il ne faut pourtant pas exagérer les choses : un grand pas a été fait, les plébéiens ont été officiellement reconnus citoyens actifs de Rome et théoriquemeut ils ont le même pouvoir que les patriciens. A vrai dire, avec la constitution de Servius, il n'y a plus ni patriciens, ni plébéiens, chacun est classé suivant son âge et sa fortune. Tout Romain, pourvu qu'il vive, de *junior* passera *senior* et le plus humble plébéien peut légitimement espérer qu'un jour il arrivera à la première classe. L'idée dominante de la constitution servienne a été surtout de donner la prépondérance aux éléments conservateurs par excellence; l'âge et la fortune, le suffrage du citoyen ayant d'autant plus d'influence qu'il se trouve dans une centurie moins nombreuse, comme devaient nécessairement l'être celles de la première classe, et dans toutes les classes, celles des *seniores*.

Quels que fussent les progrès réalisés par la plèbe dans la constitution Servienne, celle-ci n'en était pas moins, comme le dit Denys d'Halicarnasse, un mensonge habile pour tromper le peuple sur sa force réelle.

Si patient que fût le plébéien d'alors, il ne pouvait plus en face des progrès de son ordre, se contenter de cette vieille institution, de cette illusion du pouvoir qui donnait invariablement la puissance à ses ennemis.

Le tribunat de la plèbe, élu par celle-ci dans de véritables assemblées démocratiques, les comices tributes, étaient les armes gráce auxquelles la plèbe avançait sans cesse, conquérant l'égalité civile à la loi des XII tables, luttant avec succès et obtenant l'éligibilité au tribunat consulaire en 444 av. J.-C. (310 U. C.), puis au consulat lui-même en 366 (388 U. C). Mais que servait cette éligibilité théorique, puisque l'aristocratie tenait dans ses mains le sort de l'élection. A des droits nouveaux, il fallait une constitution nouvelle. Comme le dit Cicéron (1) : « *Quamobrem ant exigendi reges non fuerunt, ant plebi re, non verbo, danda libertas* ». Ou il ne fallait pas chasser les rois; ou il fallait donner à la plèbe une liberté réelle et non pas nominale.

Une fois que la loi Hortensia en 287 av. J.-C. (467 U. C.) eut consacré le triomphe de la plèbe, en investissant de la puissance législative les plébiscites votés aux assemblées tributes, il devint évident qu'un nouveau mode d'élection s'imposait.

Un des plus curieux mystères de l'histoire politique romaine, est peut-être qu'on ignore quand et comment la plèbe à réussi à modifier dans un sens démocratique l'assemblée des centuries. Les historiens anciens sont muets sur cette victoire de la plèbe, une des plus grandes qu'elle ait remportée. Tout dans cette réforme, jusqu'à l'organisation même des nouvelles assemblées, est un sujet de controverses et d'hypothèses. Deux points généraux subsistent : La réforme des comices centuriates eut lieu dans un sens démocratique (1) et

---

(1) Cic., *De leg.*, III, 10.
(1) Denys, II, 21.

en second lieu, entre les systèmes opposés des tribus et des classes, de tendances et d'origines si différentes, il se fit un rapprochement, une combinaison qui aboutit à conserver l'élément centurie en le subordonnant à l'élément tribu : « *Centuriam unius tribus partem* » (1).

Mais hors de ces données générales, on se trouve en présence de nombreux systèmes, dûs peut-être plus à l'imagination des auteurs qu'à l'étude des faits. Citons quelques-uns de ces systèmes :

Pour Zachariœ et Huschke, chacune des 35 tribus est divisée en deux centuries, et les 70 centuries ainsi obtenues sont réparties dans les classes à raison de dix pour la première classe, treize pour la seconde et quatre pour les trois dernières.

Pour Pluss, jusqu'en 179 av. J.-C., il n'y a plus de classes, après cette date, les tribus sont réparties dans les classes, la dernière recevant les quatre tribus urbaines; c'est aussi l'opinion de Clason, qui se rallie toutefois au système de Mommsen pour la période antérieure à 179.

Le système adopté par Duruy, Nieburh, Accarias, avec des variantes de détail, incline à supprimer la division en classe, pour ne plus reconnaître que des tribus et des centuries, mais certains monuments épigraphiques parlent expressément de classes dans les tribus.

On peut encore citer le système proposé par Guiraud et qui repose sur un texte aussi célébre qu'obscur de Cicéron (2) dont nous avons déjà eu

---

(1) Cic, *pro Planc*, 20, § 49 cf. Liv., V, 18, 1V, 21.
(2) Cic. *de Rep*. II, 22.

l'occasion de parler. Cet auteur admet bien que la première classe compte 89 centuries, mais pense que le nombre total des centuries est resté de 193 comme au temps de Servius. Seulement on ne sait trop comment répartir les 104 autres centuries, soit qu'on en donne 70 à la seconde classe et 34 à la troisième, ou 35 ou 34 aux trois classes suivant la première.

On s'accorde en général à suivre l'opinion présentée par Pantagathus (le père Bacato, 1567) et Mommsen, qui sépare dans chaque tribu, les hommes appartenant aux cinq classes, toujours suivant leur fortune.

Mais, et c'est là que se montre l'innovation sur l'antique état de choses, les classes les plus riches et les moins nombreuses, n'ont plus un nombre prépondérant de centuries, partant de suffrages; chaque classe est simplement divisée en deux centuries, suivant l'âge des citoyens (*juniores, seniores*).

On obtient ainsi $35 \times 5 \times 2 = 350$ centuries, auxquelles il faut ajouter 18 centuries de chevaliers, 4 d'ouvriers, dont il a été précédemment question, et la centurie *capite censorum;* soit un nombre total de 373 centuries. La majorité absolue étant de 187 suffrages, il fallait donc faire toujours voter la troisième classe, et pour peu qu'il y eût quelque désaccord entre les premiers votants, il fallait appeler tout le monde au scrutin.

On peut, en effet, dresser approximativement la répartition des centuries dans la nouvelle Constitution, de la façon suivante :

		NOMBRE de CENTURIES	NOMBRE de CENTURIES	
			Seniores	Juniores
1re Classe.	Equites equo publico......	18	»	»
	Pedites ou d'après Belot, equites equo privato....	70	35	35
	Ouvriers charpentiers	1	»	»
2me Classe.	Pedites...................	70	35	35
	Ouvriers en métaux......	1	»	»
3me Classe.	Pedites...................	70	35	35
4me Classe.	Pedites...................	70	35	35
	Trompettes...............	1	»	»
5me Classe.	Pedites...................	70	35	35
	Cornicines	1	»	»
	Capite censorum.........	1	»	»
	TOTAL....	373		

Avec la nouvelle organisation des centuries, l'âge
et la fortune conservent une certaine prépondérance, mais ils ne peuvent plus faire obstacle aux
vœux de la majorité, si celle-ci est disciplinée et
compacte. Tous les citoyens peuvent, la plupart
du temps, voter; cependant les citoyens ne sont
pas confondus, comme dans nos élections modernes, d'après le quartier qu'ils habitent; ils sont
réunis suivant leur âge et leur rang, groupement,
qui, d'après la remarque de Cicéron, assure plus
de sagesse et de réflexion au vote (1).

Les assemblées centuriates, dont nous venons de
voir la nouvelle organisation, ont duré jusqu'à

---

(1) Cic.; *De leg.*, III, 3, *Descriptus populus censu, ordinibus
ætatibus, plus adhibet ad suffragium consilii quam fuse in
tribus convocatus.*

l'empire; bien connues des historiens anciens, elles ont été décrites par eux d'une façon qui leur paraissait claire et qui n'est qu'énigme pour nous (1). On peut toutefois s'étonner que la date d'une telle révolution ne nous soit pas parvenue, à moins peut-être que le changement ne se soit opéré que graduellement. Accarias conjecture que la réforme démocratique existait déjà, lors de la loi agraire de Licinius Stolon, 376 av. J.-C. (378 U. C.), des lois Valeria Horatia (449 av. J.-C.), et Publilia (338 av. J.-C.) (2), rendant, comme la loi Hortensia, les plébiscites obligatoires pour tous. En tout cas, la puissance de la plèbe se révèle d'une façon caractéristique dans l'élection des consuls Flaminius et Varron, 216 av. J. C. (538 U. C.), les deux généraux incapables, les vaincus de Trasimène et de Cannes, élus pour faire échec aux nobles.

A côté des comices centuriates, il convient d'étudier brièvement la nature et la composition des comices tributes, les assemblées les plus démocratiques de Rome et les plus aimées par suite des masses populaires.

Les marchés *(nundinœ)*, lieu de réunion du commun peuple, ont été l'origine des comices tributes. En 495 av. J.-C. (259 U. C.), le peuple des *nundinœ*, ému de voir un centurion meurtri des tortures du *carcer privatum*, refusa de marcher contre les Volsques. Le consul Servilius dut suspendre les arrestations de débiteurs et libérer ceux qui étaient incarcérés; mais après la victoire,

---

(1) C. Liv., I, 43.
(2) Liv. III, 55 ; VIII, 12.

Appius Claudius essaya d'une réaction aristocratique, le peuple se retrancha sur l'Aventin et aux
Esquilies. Le dictateur populaire Mancius Valerius
fit des promesses que le Sénat refusa d'abord de
sanctionner. Puis, devant une nouvelle *secessio
plebis* sur l'Aventin, le Sénat permit l'institution
de tribuns de peuple, élus d'abord par les curies.
Les tribuns du peuple ne tardèrent pas à organiser des assemblées populaires (*concilia plebis*) (1)
pour élire les chefs par tribu locale. D'après Denys (2) ces assemblées par tribus dateraient du
procès de Coriolan, 490 av. J.-C. (264 U. C.), bien
qu'on les ait fait dater seulement de Publilius Volero, c'est-à-dire de 471 av. J.-C., telle est l'opinion
de Mommsen. Après la législation décemvirale et
probablement après les lois Valeria et Horatia,
449 av. J.-C. (305 U. C.), ces assemblées populaires deviennent des comices tributes. Présidées
par des magistrats patriciens (*jus cum populo in
comitus, tributis agendis*), c'est-à-dire par des
consuls, dictateurs, préteurs ou édiles curules, les
comices tributes comprennent tout le peuple des
tribus, c'est-à-dire tous les citoyens romains.

Présidées par des magistrats plébéiens (tribuns
et édiles plébéiens) (*jus cum plebe agendi*) les
assemblées tributes, véritables *concilia plebis*,
ne comprennent en droit que la plèbe seule et au
moins dans les premiers temps les patriciens en
furent exclus (3) jusqu'à la conquête de l'égalité

---

(1) Liv. II, 57 ; III, 14, 16, etc.
(2) Denys, VII, 59.
(3) Liv.; II, 56 ; X, 9. — Gell. XV, 27. Denys, VII, 16.

8

politique de la plèbe. Mais il demeure constant que l'accès des assemblées tributes *proprio sensu* était ouvert aux patriciens, puisque nous voyons qu'en 432 av. J.-C. (322 U. C.), l'exclusion de la tribu était la marque de la perte du *jus suffragii:* « *Censores Mamercum tribu moverunt* » (1).

D'ailleurs et au surplus les patriciens eurent toujours de l'influence au sein de l'assemblée tribute. Cette influence dont on retrouve de nombreuses traces dans l'histoire (2), s'explique d'ailleurs par la clientéle de l'aristocratie romaine, par les relations personnelles des nobles parmi les tribus les plus rapprochées de la ville, comme la tribu Lemonia qui commençait sur la voie Latine près de la porte Capéne et la tribu Romilia, située sur la rive droite du Tibre. Ainsi Coriolan, l'aristocratique ennemi de la plèbe, ne fut condamné que par onze tribus contre neuf. Et vers 392 av. J.-C. (362 U. C.), l'influence patricienne et l'influence plébéienne se compensaient presque exactement, ainsi la proposition des tribuns de transporter la capitale à Véies, ne fut repoussée que par onze tribus contre dix (3).

Pour achever d'étudier les différents groupes qui prennent part à la vie politique à Rome, nous devons dire quelques mots d'une institution spéciale et dont l'influence se fait sentir dans tous les détails de l'organisation romaine : nous voulons parler du corps des chevaliers.

---

(1) Liv. IV, 24.
(2) Liv.; III, 63 ; v., 30, 32, XXVII, 21.
(3) Liv.; V, 30.

Nous serons brefs à ce sujet ne voulant donner qu'une idée générale de ce corps, dont la constitution et le rôle social ont été étudiés avec détails dans la savante monographie de Belot : Histoire des chevaliers romains.

Les chevaliers romains sont pour ainsi dire la confrérie d'élite où entre ce que Rome contient d'hommes les plus remarquables, les plus éprouvés comme honneur et comme bravoure, telle fut du moins la pensée qui présida à leur organisation.

Il faut distinguer, dans ce corps, divisé, nous l'avons vu, en dix-huit centuries, deux groupes principaux : les six anciennes centuries, les *sex suffragia* des auteurs anciens et les douze plus récentes.

Pour être chevalier, il faut être de naissance libre, les fils d'affranchis en sont exclus, il faut de plus avoir un cens très-élevé, sur la quotité exacte duquel s'élèvent des difficultés très grandes : Ainsi tandis que pour Tite-Live (1) et Pline (2), le cens équestre serait égal ou légèrement supérieur à celui de la première classe, Mommsen admet qu'il serait décuple, au moins depuis la loi Roscia 67 av. J.-C. (687 U. C.).

On trouve l'origine des chevaliers dans les trois sections de 100 cavaliers (une par tribu) établies par Romulus (3), nombre qui fut doublé par Tullus Hostilius (4), et doublé une seconde fois par Tar-

---

(1) Liv. XLIII, 16.

(2) Hist. Nat. XXXIII, 13. cf. Cic. (Philipp., II, 33) et Denys; VII, 59.

(3) Liv., I, 13.

(4) Liv., I, 30.

quin l'Ancien (1), ce qui donne un total de 1,200 cavaliers.

Servius Tullius modifia profondément, comme
les autres, ce coin de la constitution romaine (2),
les membres des trois anciennes centuries furent
répartis en six et de plus douze nouvelles furent
créées, soit dix-huit en tout. Belot pense que chacune
de ces nouvelles centuries avait une force de
100 hommes, ce qui eut donné 1,200 hommes et
avec les six suffrages, 2,400 chevaliers. On peut
toutefois faire quelques réserves sur ce nombre,
attendu qu'il semble peu probable que les anciennes
centuries renfermassent un nombre de chevaliers
double de celui des nouvelles: L'unité de vote étant
la centurie, le suffrage avait d'autant plus de poids
qu'il émanait d'un citoyen d'une centurie moins
nombreuse et on peut hésiter à admettre que les
nouveaux chevaliers eussent joui de plus d'influence
que les anciens.

Les dix-huit centuries comprenaient donc ce
qu'on appelait les *equites equo publico*, c'est-à-dire
recevant aux frais de l'Etat un cheval et sa nour-
riture, grâce aux ressources d'un impôt spécial
supporté par les veuves (3) (*œs hordearium*).

Les premiers chevaliers furent d'abord choisis
par les curies (4), puis par les rois ou leurs suc-
cesseurs les consuls, ainsi nous voyons le Sénat
patricien faire une vive opposition à l'introduction
par Brutus et Valerius Publicola, les premiers

---

(1) Liv., I, 36.
(2) Liv., I, 43.
(3) Liv., I, 43.
(4) Denys; II, 13.

consuls de la République, de 400 des plus riches plébéiens dans les centuries équestres (1).

Les chevaliers des *Sex suffragio* se recrutaient à peu près exclusivement parmi les patriciens, spécialement les fils de sénateurs qui composaient l'élite de l'aristocratie romaine. Peut-être quelques plébéiens s'y introduisirent-ils après la conquête du tribunat militaire, mais on peut en douter, car le peuple satisfait de sa victoire, ne nomma presque que des patriciens tribuns militaires (2). Il en fut de même après que la loi Ovinia eût conféré aux censeurs le droit de dresser les listes du Sénat et des chevaliers, car les censeurs eux-mêmes furent tous patriciens jusqu'en 315 av. J.-C. (3).

En principe, au contraire, les douze nouvelles centuries équestres furent ouvertes aux fils des riches plébéiens, mais ce serait une erreur de croire que les patriciens ne s'y étaient pas, là comme ailleurs, arrogé la meilleure part; si leurs fils n'y avaient pu prétendre, le Sénat n'aurait eu aucun motif de s'indigner du choix des chevaliers plébéiens par Valérius Publicola.

Le récit de Tite-Live (4) nous montrant au procès des censeurs de l'an 169 av. J.-C. (585 U. C.), les douze centuries se prononcer en faveur des publicains, contre le protégé du Sénat et de la noblesse, nous permet de conjecturer que le corps puissant des publicains avait su, grâce peut-être

---

(1) Denys ; VI. 44.
(2) Liv. ; IV, 25.
(3) Liv ; II, 22.
(4) Liv., XLIII; 16.

à sa fortune, faire investir pas mal de ses fils de la dignité de chevalier Romain.

Les *equites* des douze centuries s'appellent *splendidi* et ceux des *sex suffragia, illustres* (1). Ainsi on lit dans Hirtius (*De bello Alexandrino, 40 in fine*) : *Ceciderunt in eo prœlio splendidi atque illustres viri nonnulli : equites Romani.*

Depuis l'époque de Sylla ou peut-être avant, les fils des sénateurs sont probablement chevaliers de naissance et inversement, après leurs dix ans de services, les chevaliers devenus sénateurs continuent à faire partie des six suffrages (2).

Nous avons vu que les chevaliers sont recensés à part, par les censeurs qui excluent avec sévérité tout individu jugé susceptible de ternir, physiquement ou moralement, l'éclat du corps. Nous connaissons ainsi qui est électeur à Rome et comment le droit de suffrage est appelé à s'exercer. Nous avons maintenant à envisager la contre-partie de toute élection ; après l'électeur, l'éligible.

---

(1) Liv., XXX ; 18.-cf. Val-Max ; IV, 7, n° 5.
(2) Cic., *de Rep* ; IV, 2.

CHAPITRE V

De l'éligibilité. — Le *jus honorum*.

Les questions que soulève à Rome, l'éligibilité,
sont sensiblement moins nombreuses que celles
relatives à l'électorat. On s'explique facilement
d'ailleurs que la composition du corps électoral
ait une importance prépondérante. Que servirait,
en effet, de régler soigneusement l'aptitude à gérer
les charges publiques, le *jus honorum* pour l'appeler par son nom technique, si l'électeur mal
recruté détourne de leur vrai sens les dispositions de la loi. A vrai dire même, la meilleure des
lois sur l'éligibilité est encore la sagesse du corps
électoral, les barrières qu'on impose à son choix,
ne sont en effet que des marques de défiance et
l'on peut parfaitement concevoir une société où
l'élection d'individus incapables ou indignes ne

viendrait à l'esprit de personne et n'aurait par conséquent nul besoin d'être interdite.

Cet état idéal se trouve dans les premières années de la République romaine ; les mœurs et non la loi, exigeaient seulement des candidats la puberté et la qualité de patricien ou de plébéien suivant la nature des charges qu'ils briguaient. A cette époque les luttes politiques étaient peu ardentes et surtout l'aristocratie, maîtresse des comices, n'avait pas besoin de lois pour régler le choix des magistrats, toujours pris ou à peu près dans son sein.

Mais peu à peu la plèbe devient plus exigeante, la noblesse doit lui ouvrir l'accès des magistratures ; le citoyen plébéien, jusqu'alors toujours sujet passif, peut arriver au tribunat militaire en 444 av. J.-C. (310 U. C.), à la questure en 420 (334 U. C.), en 366 (388 U. C.) au consulat, en 364 (390 U. C.) à l'édilité curule, à la dictature en 356 (398 U. C.), à la censure en 351 (403 U. C.), à la préture en 337 av. J.-C. (407 U. C.).

Alors on sentit la nécessité de diriger les choix, jugés susceptibles de s'égarer et des lois (*leges annales*) établirent des règles d'éligibilité, complétées plus tard par quelques lois spéciales.

Le magistrat présidant les comices jugea d'abord souverainement les questions d'éligibilité, mais ce pouvoir exorbitant alla en s'atténuant et l'incapacité du candidat ne put plus résulter que d'une disposition formelle de la loi (1)

---

(1) Liv.; III, 44 ; IV, 22. — Aul.-Gell.; VII, 9.

Les causes d'inégibilité peuvent être générales et s'appliquant à toutes les magistratures, ou spéciales à certaines d'entre elles.

Inéligibilité absolue. — Pour être éligible, il faut nécessairement être pubère, l'impubère ne jouissant d'aucun droit politique (1), il en est d'ailleurs de même des femmes à tout âge.

On écarte de l'accès des honneurs les *cives sine suffragio* et les *infames*, catégories de personnes que nous avons étudiées en traitant du *jus suffragii*. Sont encore inéligibles les personnes exerçant un métier salarié, les auxiliaires des magistrats (*prœco, dissignator, etc.*) et les affranchis. Pour ce qui est de ce dernier groupe de citoyens, l'incapacité s'étend aux fils des affranchis, en règle générale du moins (2), et même semble-t-il, à leurs petits-fils, au moins pour les débuts de la République. Cependant en 312 av. J.-C., le censeur Appius Claudius inscrivit des fils et des petits-fils d'affranchis sur les listes sénatoriales. Plus tard on voit ceux-ci parvenir aux magistratures curules, par exemple C. Flavius, édile curule en 450 av. J.-C. (3). Un fils d'affranchi, Claudius, fut même nommé dictateur en 505 av. J.-C., mais ne put se maintenir et fut forcé d'abdiquer (4).

A Rome, il ne faudrait pas croire que pour être éligible, il fallait comme dans nos sociétés modernes, être électeur, ou suivant l'expression techni-

---

(1) l. 2 § *r. De Reg. jur.* D. L. 17.
(2) Liv. IV, 13 *Epit.* XIX. — Cic., *pro Cluent* ; 47, § 132
(3) Liv. IX, 49.
(4) Liv., VII, 9.

que *civis optimo jure,* nous avons en effet déjà remarqué que le citoyen déclaré *œrarius* conserve nonobstant intact le *jus honorum* (1).

Une inéligibilité temporaire atteint aussi le président des comices, dans le but facile à comprendre d'éviter des excès de pouvoir et des fraudes par trop intéressées (2).

Les Romains ont soigneusement évité, au moins après la chute de la royauté, de confier trop longtemps les fonctions publiques aux mêmes hommes, de peur qu'ils aspirassent à la royauté, disait-on au peuple, et surtout de peur qu'ils brisassent les privilèges de l'aristocratie. Déjà, en 460 av. J.-C. (294 U. C.), un décret du Sénat portait : « *Magis–* » *tratus continuari.... contra Rempublicam* » *esse* » (3).

Ces tendances se fortifièrent, et en 342 av. J.-C. une loi fut promulguée interdisant la réélection à une même magistrature avant dix ans d'intervalle et la gestion de deux magistratures dans la même année : « *Plebiscitu cautum, ne quis eumdem ma-* » *gistratum intra decem annos caperet, ne duos* » *magistratus uno anno gereret* (1).

Ces règles ne s'étendaient qu'aux magistratures ordinaires et fléchissaient devant les magistratures extraordinaires ; ainsi un consul pouvait être nommé dictateur, ce qui s'explique d'ailleurs par la nature exceptionnelle et temporaire de ces char-

---

(1) Liv. XXIV, 43. — Cic. *pro Cluent,* 43, § 120 ; 45, § 126.
(2) Liv. III, 35 ; VII, 25 ; XXVII, 6. etc.
(3) Liv. III, 21.
(4) Liv. VII, 42 ; X, 13.

ges. — Ces règles ne s'appliquent pas non plus aux magistratures mineures, à cause de leur peu d'importance ; mais elles durent probablement atteindre les magistratures plébéiennes, d'abord libres en principe.

Il ne faudrait pas croire d'ailleurs que ce fussent des règles inviolables. Nombreuses ont été les exceptions dans les temps troublés, et aujourd'hui elles obscurcissent souvent la règle. Ainsi, Marius est mort en 86 av. J.-C. (668 U. C.) dans son septième consulat, bien qu'il n'eût que soixante-neuf ans, et son collègue et successeur Cinna se maintint au consulat de sa propre autorité, jusqu'en 83 av. J.-C., pendant quatre ans. — Enfin, comme conditions générales d'éligibilité, on peut encore citer la nécessité d'un âge variable suivant les magistratures et d'un certain intervalle entre deux élections, conditions que nous pouvons aussi considérer en détail comme propres aux divers ordres des magistratures publiques.

Inéligibilité relative. — En ce qui concerne l'âge requis, il faut observer que l'on exigea d'abord dix années de services dans l'armée, ce qui, en supposant le jeune homme soldat à 17 ans, le reculait à 27 ans, pour qu'il pût faire acte de candidat. Avec les années, on ne fit plus ses premières armes qu'à 20 ou 21 ans, on n'était donc éligible qu'à 31 ans. Ainsi, Cicéron, né en 106 av. J.-C. (648 U. C.), fut élu questeur en 76 ; César, né en 100, questeur en 68. On peut encore citer le passage suivant de Cicéron, parlant de Pompée, envoyé à 29 ans par le Sénat consul dans la guerre contre Sertorius : « Qu'y a-t-il de si singulier, dit l'ora-

» teur, que d'avoir vu Pompée mis au-dessus des
» lois par un sénatus-consulte, devenir consul
» avant que les lois lui permissent de recevoir
» aucune magistrature » (1).

Depuis Sylla, on ne pouvait plus être nommé consul qu'à 43 ans, ce qui, en tenant compte du délai de deux ans qui sépare toute élection aux magistratures ordinaires, ne permettait d'atteindre la préture qu'à 40 ans, la questure à 37. Pour être questeur à 31 ans, il fallait vouloir gérer avant la préture, le tribunat et l'édilité. Le candidat élu aussi jeune que possible est dit gérer la charge *suo anno* (2); ainsi Cicéron fut consul à 43 ans.

Nous avons déjà dit qu'un certain laps de temps devait s'écouler entre deux élections d'une même personne à des charges différentes. Ce délai est de deux ans pour les magistratures ordinaires, d'un an pour les magistratures plébéiennes. On voulait éviter les entraînements irréfléchis des électeurs, permettre d'apprécier le candidat, non dans l'exercice même de ses fonctions, mais après que les plaintes eussent eu le temps de se faire jour et les abus de paraître. On pouvait aussi craindre que si le magistrat sortant de charge fût candidat, il n'abusât de ses pouvoirs en faveur de son élection, bien qu'en réalité, l'intervalle de deux ans, le *biennium*, n'ait pas toujours mis à l'abri d'une pareille éventualité.

Tandis que dans nos sociétés modernes, en France en particulier, on peut arriver d'emblée

---

(1) Cic., *pro leg. Manil.*, XXI.
(2) Cic., *de Off.*; 11, 17, § 59.

aux plus hautes fonctions électives, les Romains avaient soumis à une hiérarchie précise et sévère (*certus ordo*) les charges de leur vie publique. Nul ne peut être élu consul s'il n'a été préteur, nul ne peut aspirer à être préteur s'il n'a déjà été questeur. Telle est la règle que la coutume fit prévaloir de bonne heure, jusqu'à ce qu'une loi Cornélia *de magistratibus* rendue en 81 av. J.-C. sous la dictature de Sylla (1), l'eut promulguée avec une telle sévérité que Q. Lucrétius Ofella, quoique ami du dictateur, fut tué en plein forum pour avoir osé briguer d'emblée le consulat. Remarquons toutefois que vingt ans plus tard, Pompée était élu consul sans avoir été jamais ni préteur, ni questeur.

A ce point de vue les magistrats romains sont de véritables fonctionnaires dans le sens moderne du mot, ne pouvant occuper un rang donné qu'après avoir franchi l'échelon inférieur. Peut-être aussi voulait-on diminuer les effets décevants de la brigue, permettre d'élire au consulat, non des nouveaux venus, prodigues de promesses, mais des hommes dont on avait pu apprécier l'aptitude à gérer la chose publique, qui avaient pu aussi apprendre la technique administrative, en allant gouverner les provinces, sinon en les pillant.

Souvent aussi une certaine origine est exigée du candidat.

Jusqu'à la conquête de l'égalité politique par la plèbe, les patriciens étaient seuls éligibles aux magistratures. A l'inverse, les charges de tribun du peuple et d'édile plébéien étaient réservées aux

---

(1) Cic., *de leg agr*, II, 9, § 24.

seuls plébéiens. Disons tout de suite que les patriciens ont toujours été exclus des magistratures plébéiennes (1), ainsi en 58 av. J.-C. (696 U. C.), le patricien Clodius, ce démagogue qui fit exiler Cicéron, dut se faire adopter par un plébéien pour arriver au tribunat.

D'ailleurs, à l'époque de la puissance de la noblesse, celui dont le père avait géré une magistrature curule, ne pouvait pas, du vivant de celui-ci, aspirer à une magistrature plébéienne (2).

En sens inverse, alors que lés plébéiens pouvaient depuis 342 av. J.-C. (412 U. C.) aspirer aux deux charges de consuls (3). (En 172 av. J.-C., les deux consuls furent plébéiens) (4), les lois Licinia *de consulatu* (5) 566 av. J.-C. (388 U. C.) et Publilia Philonis (6) ne permettaient aux patriciens que d'aspirer à une seule place de consul ou de censeur (*in unum locum petere*) (7). Toutefois on peut trouver dans Tite-Live des cas où ces régles n'ont pas toujours été observées (8).

Une autre entrave apportée aux libres candidatures consiste en ce qu'au moins pour les magistratures importantes, la réélection n'est point admise. Nous avons déjà vu que l'on ne pouvait

---

(1) Liv., II, 33.

(2) Liv. XXVII, 21; XXX, 19.

(3) *Uti liceret consules ambos plebeios creari.* Liv. VII, 42.

(4) L. Livius XLII, 4.

(5) *Consulum que utique alter ex plebe crearetur.* Liv., VI, 34 XXVII, 34; XXXIX, 32.

(6) *Ut alter utique censor crearetur.* Liv., VII, 12.

(7) Liv., XXXV, 10, 24.

(8) Liv. VIII, 17, 18, 19, 22, etc.

briguer que dix ans après la charge qu'on avait
déjà gérée, mais peu à peu la coutume s'établit
qu'on ne remplît qu'une fois dans sa vie certaines
fonctions, dont l'éclat suffisait à illustrer une
famille, à revêtir un homme d'un immortel éclat.
Sa vie durant, le consulaire continuait à porter en
lui le souvenir de son pouvoir temporaire, mais si
grand. Ecouté au Forum, respecté au Sénat, il
pouvait se croire encore en charge et on comprend
qu'une seconde élection lui était inutile. On voulait,
d'ailleurs, éviter qu'il se formât un personnel
politique restreint qui accaparât toutes les charges.

En 625 av. J.-C. (489 U. C.), une loi Martia
interdit de gérer la censure plus d'une fois (1),
pareille défense fut faite en ce qui concerne le
consulat vers l'époque de la troisième guerre
punique (2), prohibition souvent tournée aux temps
troublés de Marius et de Sylla. De même à partir
de 367 av. J.-C. (387 U. C.) la coutume s'opposa à
la réélection des tribuns du peuple (3). Il faut aussi
observer que pour ces derniers magistrats, Sylla
les rendit inéligibles aux magistratures curules (4),
dans le but de diminuer leur puissance, ce qui
dura jusqu'à la loi Aurélia de 75 av. J.-C.

Enfin, comme dernière condition d'éligibilité,
dès le Ve siècle de Rome, les censeurs et un peu
plus tard les dictateurs sont pris parmi les consulaires.

On voit par ce rapide exposé que nombreuses

---

(1) Liv. XXIII, 23.
(2) Liv., *Epit.*, 56.
(3) Liv., *Epit.*, 59.
(4) Appien, *de bell civil.*, I, 100.

étaient les conditions exigées des candidats, aussi chaque année, bien peu de citoyens étaient en état de briguer les magistratures; ainsi quand Cicéron briguait le consulat ils étaient sept au début, mais quatre candidats s'étant vite découragés, il n'en resta plus que trois pour deux places. Mais ce nombre limité de compétiteurs n'empêchait pas que la lutte fut vive, la brigue ardente, tant l'homme désire avec passion dominer sur ses concitoyens.

Nous connaissons maintenant quelles étaient les conditions que les lois exigeaient tant des électeurs que des élus. Il nous faut donc voir la mise en pratique de ces règles diverses et à côté du droit, l'action souvent corruptrice des mœurs.

CHAPITRE VI

LA CANDIDATURE HONNÊTE

La loi Licinia avait bien ouvert à tous en principe l'accès du consulat, mais les règles relatives
à l'éligibilité que nous venons de passer sommai-
rement en revue et plus encore que les lois annales, les charges écrasantes de la candidature
restreignaient singulièrement le nombre des candidats à la magistrature suprême. Qu'on ne s'y
trompe pas d'ailleurs : la lutte n'en était que plus
ardente entre rivaux dont l'un d'eux devait [suc-
comber, mais qui concentraient à leur profit tout
ce que Rome avait d'éléments impurs prêts à la
corruption.

Ce que nous disons d'ailleurs du consulat serait
tout aussi vrai des autres magistratures et si nous
ne parlons que la candidature à ces hautes fonctions, c'est que les renseignements que nous a
légués l'antiquité, visent presque toujours les

élections consulaires. Là du reste l'ambition était légitime, gérer la première magistrature de Rome, n'était-ce pas représenter et résumer en soi le plus glorieux des peuples, celui dont les armées et la politique avaient alors conquis presque tout le monde connu des anciens.

Si le nombre des compétiteurs était restreint, la lutte, avons-nous dit, n'en était que plus vive. A la vérité, le pouvoir du consul ne durait qu'un an, mais il laissait un éclat ineffaçable sur celui qui en avait été revêtu. Sorti de charge, le consulaire semblait, sa vie durant, porter toujours quelque trace de l'immense autorité qu'il avait eu un jour; plus écouté au sénat, plus respecté au forum, son éclat se perpétuait sur sa race après sa mort, et les tableaux des consulaires dans les galeries des familles semblaient vraiment donner à leurs fils quelques droits à une pareille dignité.

Et d'ailleurs, dans les états populaires, où le gouvernement se recrute à l'élection, la constitution fait appel à ce que l'on croit être le patriotisme et le talent, mais aussi à ce qui n'èst malheureusement parfois que l'ambition des honneurs et des charges publiques. Pour un citoyen qui sent dans son cœur l'amour de son pays et qui veut mettre à son service, le courage, l'expérience, l'éloquence et le savoir dont il est doué, combien d'autres ne sont mûs que par ce vain et naturel désir de commander à ses semblables, par cette passion qui pousse l'homme à s'élever parmi ses pareils. Comme le dit Salluste (1), la gloire et

____

(1) Sall.; *Cat.;* XI.

le pouvoir sont également recherchés par les bons
et les mauvais citoyens et si les premiers prennent
le droit chemin, les seconds ne reculent pas devant
la fraude, la ruse et l'intrigue. Si Fabius ou Scipion
peuvent subjuguer le peuple par leurs seules qualités, combien de·bassesses ne déploient pas pour
satisfaire leur ambition, un Clodius, un Verrés, un
Catilina?

Même pour l'honnête homme, la brigue ouvre
sa dangereuse carrière, où à regret sans doute,
mais forcés par les mœurs, les vieux Romains
eux-mêmes doivent lutter contre la cupidité.

Ils en gémissent, mais doivent quand même se
plier aux exigences des institutions libres.

« Lorsque je sollicitais les suffrages sur la place
» publique, disait le grand orateur L. Crassus (1),
» j'avais soin d'éloigner de moi Scœvola en le
» prévenant que j'allais faire des sottises (*me velle
» esse ineptum*). C'est en effet faire des sottises
» que de prier le peuple avec des supplications et
» des caresses, et j'avais honte d'avoir pour
» témoin de ces misères, l'homme du monde à
» l'estime duquel je tiens le plus (2). »

Crassus n'était cependant pas moins honnête
que Scœvola, mais les institutions lui imposaient
plus d'un douloureux sacrifice à la dignité de son
caractère.

Si l'on voulait en cette matière n'étudier que
les sources du droit, si l'on voulait ne parler de
la candidature électorale que d'après les textes

---

(1) Cic. *de Or.*, I, 24.
(2) cf. Val-Max.; IV, 5, 4.

législatifs, certes l'on croirait que bien peu étaient
pénibles à Rome les luttes politiques. Mais ici la
loi n'est rien, les mœurs sont tout; et si nous
étudions dès maintenant la candidature, la *petitio*,
à un point de vue en quelque sorte externe, c'est
qu'il n'y a là en réalité qu'une sorte de paren-
thèse à ouvrir, une sorte de superfluité dont il
convient sans doute de dire quelques mots, mais
qu'on abandonne bientôt pour revenir à l'étude
vivante des choses, à la réalité des faits.

La loi exigeait peu du futur magistrat. Une loi
Valeria du début de la République permettait à
tout citoyen éligible, c'est-à-dire jouissant du *jus
honorum*, de faire acte de candidature. On n'exigea
d'abord absolument rien du candidat, aucune déclaration, on élisait même un absent (1).

Plus tard on demanda deux actes officiels, une
déclaration et la présence personnelle du candidat.

Environ trois semaines avant le jour fixé pour
l'élection, bien que celle-ci fût d'ores et déjà faite
d'avance, s'ouvraient seulement les *legitimi dies*,
la période électorale, dirions-nous aujourd'hui.
Ce délai de trois semaines est celui de trois *nundinæ (trinundinum)*. Les *nundinæ* ou jours de
marché, revenant à peu près tous les huit jours,
la véritable période électorale durait donc environ
dix-sept jours.

Un édit de l'autorité annonçait le jour des
comices. Chaque candidat allait déclarer au consul
au forum, son intention de briguer les suffrages

---

(1) Liv.; IV, 42, 43; VIII, 22; XXII, 35, etc.

populaires pour telle fonction déterminée (*profi-
teri se petere*). Cette déclaration officielle et
publique de candidature, (*professio nominis*) est
essentielle pour la validité de l'élection, car on ne
pouvait voter que pour des candidats désignés
d'avance, bien qu'il y ait eu des exceptions et
qu'on ait même vu le président des comices élu
lui-même illégalement (1).

La candidature proprement dite, la *petitio*, se
fait devant le président des comices, dans la
contio qui précède immédiatement l'élection (2).

Le président peut rejeter la *petitio* (*nomen non
accipere*) (2), si le candidat ne lui paraît pas
remplir les conditions d'éligibilité requises.

Si malgré ce rejet, le candidat a la majorité, le
président des comices, sur l'avis de gens sages et
influents, ne proclame pas le résultat du scrutin
(*se eum non renuntiaturum*) (3). Or la *renuntiatio*
était essentielle pour l'élection.

En plus de la *professio nominis* le candidat
devait être présent à la ville, pour que chacun pût
le voir, il devait les trois derniers jours de marché
se placer sur un endroit élevé, revêtu de la
fameuse robe blanche (*toga candida*), d'où le
nom de *candidatus*) et que l'on blanchissait
encore à la craie pour la rendre plus éclatante.
Après quoi, le candidat n'avait plus en théorie
qu'à attendre l'heure du vote.

Mais en pratique, la brigue était devenue un
devoir et une nécessité pour les élections, et bien

---

(1) Liv.; VII, 24; V, 15 et 47, XXVII, 6.
(2) Liv.; XXVII, 6; XXXIX, 39; Cic.; *Brut*, 14, § 55.
(3) Vell. Pat., II, 92.

qu'en principe, un esprit noble et élevé pût trouver toujours chose vaine et légère que d'adresser des flatteries au peuple (1), cependant les honnêtes gens sachant qu'il fallait aduler le peuple, mettaient une certaine décence dans cette chose déshonnête. De là deux sortes de brigue : l'une permise et ouvertement pratiquée, l'autre coupable, condamnée par des lois nombreuses et impuissantes, mais s'étalant quand même auda-cieusement en plein jour.

Etudions donc d'abord ce que les Romains entendaient comme étant les moyens licites de réussir dans une candidature. Nous avons sur ce point des renseignements précis, grâce à un petit livre fort curieux, émané du frère de Cicéron, Quintus Cicéron; c'est le *De petitione consulatûs,*ce qu'on pourrait traduire par le Manuel du Parfait candidat. Cet ouvrage fut écrit à l'occasion de la candidature de Cicéron au consulat. Son élection assurée, une gloire immense se répandait sur toute sa famille et chacun de ses proches avait à cœur de tout faire pour réaliser ces espérances et cette attente. Quintus Cicéron était plus qualifié que tout autre pour mettre son talent au service de la candidature de son frère. Jouissant d'une véritable renommée dans l'art de la brigue, prenant plaisir à y exercer son caractère inquiet et agité, ses opinions politiques ardentes, aimant la foule qui remplissait le forum, Q. Cicéron avait souvent réussi dans les intrigues électorales. Il écrivit à son frère une longue lettre, le code en quelque sorte

---

(1) Cic.; *de Rep*.; IV, 7.

de la brigue, faisant, il nous l'avoue lui-même, la théorie des pratiques de chaque jour, fondant en un corps de doctrine toutes les règles éparses de la stratégie électorale. C'était le *Commentariolum petitionis* : le Petit Manuel du candidat : « Je n'ai pas la prétention, disait Q. Cicéron à son frère, de rien vous enseigner de nouveau, je veux seulement réunir ensemble, dans un ordre suivi et raisonnable, des préceptes qui, dans la réalité, paraissent sans liaison entre eux et multipliés à l'infini. »

Ayant par lui-même apprécié combien était utile la lettre de son frère, agréable de forme, pleine d'expérience et de réflexion au fond, Cicéron s'empressa de la publier, voulant qu'elle pût servir à tous, comme à lui-même.

On ne peut vraiment s'empêcher d'être effrayé des difficultés des candidatures, telles que nous les signale Quintus; et l'on se demande en voyant combien d'épreuves, de sacrifices, de luttes et de démarches sans cesse répétées, sont imposées au candidat, comment il peut se faire qu'il y ait eu des gens assez ambitieux pour aspirer aux fonctions publiques. Tant de corvées insupportables, pour devenir consul ! Tant de misères et de bassesses pour une élévation de quelques mois ! Il fallait dire adieu en vue d'une élection incertaine à des honneurs douteux, à tout ce que la vie privée a d'agréable, à la tranquillité de la famille, à l'intimité des amis, au repos de chaque jour. Et l'on comprend alors le dédain d'Atticus, l'ami de Cicéron, pour tout ce qui n'était au fond que frivolités aux yeux de ce philosophe à l'esprit froid et tranquille, on comprend qu'il ait reculé devant les fatigues et les ennuis qui s'attachaient à vous du jour où l'on revêtait la robe blanche, et qu'au lieu d'aller sur le Champ-de-Mars, se commettre avec la plèbe qui le remplissait, Atticus ait préféré réunir ses amis, peu nombreux, mais choisis, pour parler des choses élevées de l'esprit humain, dans sa maison du Quirinal ou dans sa villa d'Epire.

Il ne faudrait pas croire, nous l'avons dit, que les fatigues électorales ne commencent que de l'instant où le candidat en robe blanche descend au Champ-de-Mars. Bien avant ce terme, tout est réglé et prévu ; on songe aux fonctions publiques depuis longtemps ; une candidature au consulat, c'est l'affaire de toute une vie, et tel qui reste quelque temps sans s'en occuper, risque fort de n'y réussir jamais.

Le service militaire est fini, on a fait ses débuts au forum et le jeune homme vient d'être nommé questeur, — à peine un peu plus que rien, dit quelque part Cicéron — c'en est assez pour qu'il songe déjà au consulat et aux plus rapides façons d'y parvenir, aux meilleurs chemins qu'il convient de prendre dans cette course aux honneurs. Les uns croient trouver dans l'administration des provinces renommée et fortune ; mais les bruits du dehors n'arrivent pas jusqu'à Rome et on oublie bien vite les absents. — Le peuple romain a l'oreille dure, dit gaiement Cicéron, racontant à ce propos la mésaventure qui lui advînt en revenant d'être questeur en Sicile. Puisqu'on ignorait jusqu'à sa résidence, alors qu'il croyait que la haute société romaine de Pouzzoles s'entretenait de ses belles actions, Cicéron pensa que si le peuple est sourd,

il voit bien, et s'arrangea dès lors pour ne pas
être absent du forum. Qu'on ne quittât pas Rome
ou qu'on allât chercher au loin une gloire dou-
teuse, à tous s'imposait une même obligation ;
chaque fois qu'un citoyen était nommé à une fonction nouvelle, il lui fallait donner des jeux, — que
tout le monde aime, ajoute encore Cicéron, même
ceux qui ont l'air de les dédaigner. — Pour suivre
l'usage et le goût du jour, prétendaient-ils, les
plus sages suivaient les jeux, coudoyaient le peuple
qui s'y portait avec frénésie et récompensait de sa
faveur ceux qui l'amusaient davantage. Le succès
était assuré aux prochains comices à l'heureux
magistrat qui pouvait trouver, fût-ce à prix d'or,
de quoi piquer un instant la curiosité du peuple :
éléphants, girafes, léopards, nains ou géants extraordinaires, inconnus dans l'arène. Et entre les
candidats, une lutte de magnificences absorbait
bien vite les plus brillantes fortunes. Quelle devait
être cependant l'opulence de cet Æmilius Scaurus,
gendre de Sylla, qui, durant son édilité, fit cons-
truire un théâtre à trois étages, en marbre et en
verre, pouvant contenir quatre-vingt mille spectateurs dans ses trois étages, garnis de statues et
de meubles précieux de l'Orient. Démolie après
quelques jours de jeux, cette précieuse merveille
fut transportée à Tusculum, et plus tard incendiée
par des esclaves, incendie qui causa, dit-on, une
perte de cent millions de sesterces (20 millions de
francs), et ce n'était là que la valeur des ruines !

Il était difficile de faire mieux que Scaurus ;
pour ne pas faire moins, Curion prit d'autres
dispositions. Deux théâtres en bois, voisins, furent

bâtis sur pivot. On y jouait séparément sans que les spectateurs se vissent; puis, à un signal donné, les lourdes machines tournaient et se trouvaient de face, formant ainsi un vaste amphithéâtre ouvert aux bêtes et aux gladiateurs, et cela sans que personne eût bougé de sa place.

Il fallait passer par ces coûteuses prodigalités pour arriver préteur et pouvoir briguer enfin le consulat. Cependant les années s'écoulent, le moment approche, notre futur consul reçoit à son heure la préture; il touche à la magistrature suprême; deux ans l'en séparent seulement, deux années, non de repos, mais d'une lutte où l'on tend toutes ses forces et toutes les ressources de son esprit, et ce n'est pas une exagération de dire que la période électorale s'ouvre du jour où, quittant les fonctions de préteur, on est rendu à la liberté de la vie privée.

C'est ici que Quintus prend le candidat, un « homme nouveau », suppose-t-il, c'est-à-dire n'ayant pas d'ancêtres ayant atteint aux plus hautes charges de l'Etat.

C'est là d'ailleurs une difficulté de plus. Les grands peuvent bien attendre la fortune et les honneurs en dormant, leurs ancêtres ont été consuls, leur dignité fait en quelque sorte partie de leur héritage et ils ont un droit acquis aux votes populaires. C'est dire que contre l'intrus qui veut envahir leur domaine, contre le provincial qui ose prétendre aux hautes magistratures, le patriciat s'unit d'un commun et naturel effort pour lutter sans merci.

Mais, pensera-t-on peut-être, peu importe l'hostilité d'une poignée de patriciens, l'homme nouveau n'est-il pas appuyé sur les masses profondes du peuple, sur la démocratie toujours prête à soutenir les humbles et les obscurs? Eh bien! non, on jalouse son élévation, on veut bien obéir encore aux chefs des vieilles familles, mais pas à celui qui était votre égal hier et le sera demain. L'intérêt commanderait aux plébéiens de soutenir les gens de leur ordre, mais au fond, ils écoutent plutôt la jalousie, les servant mal ou les critiquant en cachette.

Quant aux masses populaires, à la foule proprement dite, elle a toujours été à Rome dévouée à l'aristocratie. Les liens de la clientèle ont été tellement forts et ont duré si longtemps que les patriciens ont toujours conservé une sorte de prestige, qui fait que la plèbe subit leur ascendant, tout en les détestant au fond.

Dans les luttes sociales qui ont ensanglanté Rome, dans les combats livrés contre les grandes familles, il est curieux de voir que les chefs populaires, loin de sortir des rangs de la foule, appartenaient à la noblesse et comme les Gracques et César, portaient eux-mêmes les noms les plus glorieux. Loin de se faire humbles, ils portaient fièrement leur origine au milieu de la tourbe des affranchis, sachant bien que par là leur autorité gagnait en force et en respect.

Nous sommes donc en droit de penser qu'aucune des grandes classes de l'Etat, patriciat, noblesse, bourgeoisie, peuple, n'est favorable aux hommes nouveaux et l'on peut s'étonner à bon droit que Marius et Cicéron soient arrivés au consulat.

Voilà donc notre candidat homme nouveau, isolé de tous et ne voulant pas pourtant sacrifier son honnêteté aux manœuvres réprouvées par la conscience et la loi. Sans doute il n'imitera pas Caton, dont l'esprit vertueux, mais par trop philosophique, n'admettait que le mérite à solliciter pour nous, aussi ne fut-il jamais consul, quelles que fussent son autorité et sa renommée : sans doute encore, le candidat ne fera pas comme le grand jurisconsulte Servius Sulpicius, sollicitant dix ans le consulat, ne l'obtenant à la fin que comme prix de sa persévérance, mais le sollicitant, dédaigneux et mécontent, morose et chagrin, faisant effort pour flatter le peuple, et semblant lui demander bien plus un droit qu'une faveur. Le futur magistrat sera bien plutôt un homme de bonne compagnie, sachant se plier en souriant aux nécessités de la situation, concilier l'honnêteté avec les devoirs sociaux ; il ne parlera pas contre sa pensée, mais laissera supposer en lui telle opinion que son auditoire voudra, il ne promettra rien d'immoral, mais ne se révoltera pas non plus devant les concessions et les ménagements infinis que sa situation lui impose.

Que fera ce candidat modèle ? Pour Quintus, exciter le zèle de ses amis, capter la bienveillance du peuple, tel est est le résumé de la tactique électorale, le but de l'activité prévoyante d'un habile candidat. Mais ce résumé comprend bien des manœuvres, bien des artifices qu'il faut connaître. Avant la bataille il faut compter ses troupes, avant l'élection, il faut compter ses partisans ; car si un grand seigneur a autour de lui une foule de clients, de serviteurs et d'affranchis, qui sont autant d'agents électoraux, dévoués et actifs, un homme nouveau n'a que ses amis pour soutenir sa candidature.

Les amis politiques ne sont pas ces hommes rares et choisis qu'unit un lien délicat et que Cicéron décrit avec tant de charme dans son agréable traité du *De amicitia*. En période électorale le nom d'ami reçoit plus d'extension (*Sed hoc nomen amicorum in petitione latius patet* (1). Les amis sont, nous dit Quintus : 1º Ceux auxquels on a rendu service; 2º Ceux qui attendent quelque chose de vous; 3º Ceux qui vous aiment d'une affection désintéressée. Ces derniers sont les seuls vrais amis dignes de ce nom, mais c'est dire qu'ils sont rares et si leur appui est précieux, on n'y doit pas trop compter et faire fond bien plutôt sur les gens qu'on a aidés ou qui espèrent qu'on les aidera, sur ceux même qui font preuve d'un peu de déférence et de bonne volonté, par une simple visite au logis.

En revanche, on peut provisoirement négliger un ami véritable, si il y va du succès de l'élection et il est admis qu'on peut, sous l'empire des circonstances, mettre le service de sa propre ambition au-dessus des devoirs qu'imposerait une ancienne et étroite familiarité. C'est ce que fit Cicéron, refusant de plaider pour Q. Cecilius, oncle d'Atticus, son ami intime pourtant, contre un certain Satrius, dont les liaisons pourraient lui être utiles pour son élection au consulat (2). Aussi bien, Cicéron, le plus

----

(1) Cic., *de Pet. cons;* V.
(2) Cic; *ad Att*. I, 1.

obligeant des hommes, comptait beaucoup d'amis,
Comme tout avocat, que des lois sévères (loi Cincia
par exemple) défendaient de payer, il tablait sur
la reconnaissance de ses clients. On ne pouvait, en
effet, refuser son vote et celui de ses amis, à celui
qui briguant aujourd'hui quelque fonction publique,
vous avait naguère sauvé la fortune, la liberté ou
l'honneur.

Aussi l'avocat occupé doit-il accepter les causes
de tous les gens de quelque importance qui s'a-
dressent à lui; si on veut se ménager des appuis,
il ne faut pas se montrer trop rigoureux sur la
nature des affaires; les plus puissants se trouvent
parfois dans des situations délicates. Cicéron pou-
vait-il refuser de défendre des gens comme Cornelius, un tribun séditieux; Varenus, un assassin;
Fonteius, un voleur de provinces, lorsqu'il voyait
derrière eux une haute influence et lorsqu'il savait
bien que ces hauts personnages, une fois tirés d'affaire, s'occuperaient activement de son élection.

Toutefois il convient peut-être, dit Quintus avec
sagesse, d'attendre plus encore de ceux qui ont
besoin de nous que de ceux qu'on a servis. L'in-
gratitude est humaine et on peut se fier plutôt à
ceux que lie l'intérêt qu'à ceux que devrait animer
la reconnaissance. Aussi faut-il chercher à augmenter le nombre de ces amis si utiles et si zélés;
pour cela, rien de plus simple, toujours promettre,
quoi qu'on demande. Et si l'on sait d'avance qu'on
ne pourra pas tenir? Quintus n'hésiterait pas, mais
pour son frère, imbu de la philosophie platoni-
cienne, il prend des ménagements pour répondre
et se retranche derrière le maître en ces matières,

Aurélius Cotta, l'artiste en art électoral (*in ambi-tione artifex*). Cotta, lui, n'hésite pas; un candidat digne de ce nom doit promettre tout ce qu'on lui demande de compatible avec son devoir, quitte à ne tenir ses promesses qu'envers ceux dont la reconnaissance paraît le plus utile (1). Si on est obligé de refuser une chose injuste, on y mettra plus d'affabilité et d'obligeance que d'autres n'en savent mettre pour accorder (2).

Et d'ailleurs, ajou:e Cotta : « Vous refusez une
» cause, qui sait si l'affaire ne s'arrangera pas
» avant de venir à l'audience. Un événement im-
» prévu ne vous rendra-t-il pas plus libre qu'on
» ne l'espérait? Enfin, au pis, le client trompé se
» fâchera peut-être contre vous; mais n'aurait-il pas
» pris fort mal, dés l'abord, un refus? La grande
» affaire est de gagner dn temps et d'acquérir, en
» promettant toujours, une réputation si bien éta-
» blie d'obligeance que les réclamations de quel-
» ques mécontents ne puissent plus l'entamer. »

Ainsi donc, quelques amis sûrs, ceux qu'on a obligés, ceux qui attendent tout de vous, voilà la cohorte qui doit servir le candidat. Et ces troupes hétérogènes, il faut les discipliner, les connaître; il faut, en profond moraliste, sonder les intentions de chacun, les sentiments les plus cachés. Tous les amis électoraux ne sont pas également sûrs et dévoués: à côté des zélés, il y a des tièdes, des timides, des indifférents prêts à la défection et à saluer le succès probable.

---

(1) Cic., *de pet. cons.*, XII.
(2) Cic., *de pet. cons.*, XII.

Soyez prudents, dit Quintus, soyez méfiants, mais gardez-vous d'en rien laisser paraître ; à celui qui, justifiant tous les soupçons, voudra essayer de s'en disculper, prenez garde de laisser croire que vous avez douté de son affection. Ce n'est pas à dire qu'il faille se laisser trahir, mais l'art consiste à avoir l'œil ouvert sans ostentation, à juger en secret chacun selon ses mérites.

Il ne faut pas non plus demander à ses amis des services qu'ils sont incapables de rendre. Chacun a ses aptitudes propres, spéciales à ses facultés. Il faut avoir avec eux un caractère facile et aimable, les retenir par les bons offices et les bienfaits. L'important est surtout d'avoir des relations dans toutes les classes de la société, d'être connu de tout le monde. Il ne faut pas négliger les petits, les humbles ; certains d'entre eux ont une grande influence sur leurs voisins ; ils ont en mains des associations où chacun vote comme eux ; ce sont les suffrages de toute une rue, de tout un quartier qui sont ainsi acquis. — Pas un coin de Rome, dit Quintus, ne doit être négligé. Il faut soigner dans sa tribu ses voisins, ses clients, ses affranchis, dont l'opinion est influente au moment où il s'agit de scruter la vie privée du candidat. Si vos esclaves vous aiment, ce témoignage domestique a une haute importance ; très bavards de leur nature, ils racontent dans le quartier vos qualités comme vos défauts et peuvent vous concilier les suffrages de pauvres gens (1).

---

(1) Sur tous ces points, *cf.*, Cic., *de pet cons.*, VII, VIII et *passim*.

C'est un rude métier que celui de candidat : il
lui est nécessaire de solliciter, encourager, promettre sans cesse, pour étendre son influence
dans les centuries par tous ceux qui y ont du
crédit, se rendre favorables les affranchis écoutés
au Forum (*In foro gratiosi*) (1) se concilier les
grâces des associations électorales, des direc-
teurs d'élections, si influents (2), étudier en un
mot la ville entière, ses différents quartiers, les
relations des familles.

Quand on avait bien persuadé ses amis de cir-
constance qu'on était l'homme nécessaire, on
montait un degré de plus et l'on recherchait les
hommes illustres par leur emploi et par leur
nom.

Les grands et les riches sont fort utiles, ils
donnent bonne apparence à une candidature. Ce
n'est pas que ces hauts personnages daignent toujours se mettre en mouvement pour gagner des
suffrages et un homme nouveau comme Cicéron
était bien forcé d'admettre qu'un homme important comme Pompée ne vint même pas à son
élection. (*Nega me ei iratum fore si ad mea comitia non venerit* (3), mais ces personnes ont des
satellites qui s'emploient et peuvent être utiles et
d'ailleurs leur dignité rejaillit sur le candidat
qu'ils patronnent et le couvrent d'un inappréciable
lustre.

---

(1) Cic., *de petit cons.*, VIII.

(2) Il y en avait quatre corporations sous Cicéron, celles de Fun-
danius, de Q. Gallus, de C. Cornélius, et de C. Orcininus.

(3) Cic.; *ad Att.*; I, 1.

C'est ainsi que l'on peut avoir la bonne chance
d'être aidé par quelques-uns de ces brillants
jeunes gens qui peuplent les centuries des chevaliers, et qui mettent à votre service l'éclat de
leur situation et l'ardeur de leur jeunesse (1).

Toujours en mouvement; précieux auxiliaires,
ils vont partout, colportant les nouvelles.

Pas un coin de Rome où notre candidat n'ait un
appui, est-ce tout enfin? Non certes et ici se place
cette recommandation vraiment effrayante de
Quintus : « Songez à tous les hameaux, à tous les
» bourgs, au moindre village. Ayez dans votre
» esprit et dans votre mémoire, l'Italie tout entière
» avec toutes ses parties et ses divisions. »

Les gens des municipes italiens ont le droit de
suffrage, à la vérité ils l'exercent rarement, mais
ils peuvent se décider au dernier moment et il
vaut mieux en tous cas les avoir pour que contre
soi. Aussi dans chaque colonie, chaque préfecture,
le candidat doit avoir un appui, des correspon-
dants dévoués qui se fassent pour ainsi dire candidats pour le candidat lui-même. (*Tua causa
quasi candidati sint* (2). Si l'on a su inspirer
confiance aux Italiens, ils se dérangeront pour
vous et pour l'élection de Cicéron, on vit arriver
au Forum des gens d'Arpinum qui n'y étaient
jamais venus peut-être. Ils participaient à la
gloire de leur illustre concitoyen et favorisèrent
son élection avec tant de passion que Cicéron put
dire que les champs et les montagnes de son

---

(1) Cic.; *de petit cons.*; VIII.
(2) Cic.; *de petit cons.*; VIII.

pays avaient coopéré à son succès. Aussi bien Cicéron n'avait-il pas négligé de faire quelques tournées électorales dans les provinces; voyages assez doux en somme, car les paysans, dit Quintus, sont bonnes gens, faciles à contenter. Il suffit de paraître les connaître et de savoir leur nom, pour qu'ils vous soient tout acquis. Cicéron allait même jusqu'à chercher à recruter des partisans en Gaule, province aux suffrages importants, dit-il à Atticus (1) et où il pourrait bien aller passer de septembre à janvier sous couleur d'une commission.

Mais néanmoins c'est à Rome que reste le centre des intrigues; il ne suffit pas d'y avoir des amis, il faut payer de sa personne, rechercher la popularité, l'échauffer, la caresser dans le sein de la multitude urbaine, dans la personne de ceux qui tiennent les assemblées préparatoires (*Et eorum studia qui conciones tenent*), dans ces éléments inférieurs, mais vigoureux qui forment l'opinion publique et souvent la dirigent (2).

Restait le grand art de flatter le peuple, ce maître difficile et capricieux; nous abordons ici un des points les plus originaux des élections romaines.

Pour permettre au peuple de connaître les candidats et de choisir entre eux, on avait imaginé la cérémonie de la *prensatio* (3). Cérémonie est ici le mot propre, car l'esprit formaliste du peuple romain se rencontre là comme ailleurs.

---

(1) Cic.; *ad Att.*, I, 1.
(2) Cic,; *de petit cons.*; XII.
(3) Cic., *de pet cons ;* XI.

Obéissant aux mêmes tendances qui, dans la sphère du droit privé, les ont conduits à une science juridique empreinte d'un formalisme rigoureux, où tout était d'abord condensé en formules étroites, les Romains ont mis sous le joug, ont assujetti à des règles déterminées ce qui paraît être le plus étranger à la tyrannie de l'usage : les sentiments et l'élan spontané du cœur. De même que dans son culte aux dieux, le vieux Romain ne changeait ni une phrase, ni une attitude, plaçant la prière dans le rituel des gestes et des sacrifices ; de même, sollicitant le peuple sur la place publique, il s'imposait comme un usage, une règle, un devoir impérieux auquel on ne pouvait se soustraire, ce qui n'est au fond que l'expression des sentiments personnels, un simple mouvement du cœur dont la liberté fait le prix. Par exemple, il est naturel de serrer la main à une personne qui vous intéresse, comme témoignage d'affection qu'on aime à donner et à recevoir, les Romains avaient transformé cette action banale en la cérémonie officielle de la *prensatio.*

Certains jours le peuple est réuni au Champ-de-Mars ; au milieu des rangs pressés de la foule, les candidats circulent prenant la main de tout le monde. Les heures s'écoulent ainsi, lentes, monotones et pénibles, mais le candidat doit par dessus tout conserver son expression affable et courtoise. Une trace d'ennui sur son visage et c'en est fait de son élection. Caton lui-même dut s'exercer à cet art de flatter les sentiments populaires. Et qu'on ne croie pas d'ailleurs qu'une simple poignée de mains suffise, il faut y joindre des paroles

caressantes ; pour un personnage sortant quelque
peu du commun, on n'épargne ni protestations, ni
flatteries, prodiguant ces mensonges dorés qui
faisaient rougir de lui-même l'orateur L. Crassus.
Quel est le noble qui un jour d'élection, ne serre
pas la main de l'homme du peuple, qui ne lui dit ·
des choses flatteuses, qui ne lui sourit gracieuse-
ment, qui ne l'embrasse même pas, l'appelant son
frère, son père, etc. Il est vrai que le lendemain
de l'élection, il passera à côté de lui sans le connaître, n'importe, tel est l'usage et il est un jour
où les plus fiers s'inclinent devant les plus
humbles (1). On peut se permettre les flatteries les
plus exorbitantes, mais il faut se garder de faire
de l'esprit hors de propos. L'élégant Scipion Nasica,
briguant l'édilité curule, serrait la main du premier
venu, lorsque voulant faire un bon mot, il dit à un
électeur rustique dont il tenait la main calleuse :
« Est-ce que vous avez la coutume de marcher sur
les mains ? » Cette insolente plaisanterie se répandit
bientôt dans le peuple et les tribus rustiques s'en
vengèrent en faisant échouer Scipion Nasica (2).

Le candidat sur le forum doit savoir d'une
manière imperturbable le nom des gens auxquels
il s'adresse, rien ne flatte plus un électeur d'être
interpellé par son nom et de paraître ainsi connu
des gens d'importance. Mais Rome est grande et
peuplée, et la mémoire ne peut suffire, aussi un
esclave spécial (*nomenclator*) suit-il le candidat,
faisant métier de connaître tout le monde. Le *no-*

---

(1) Sénèque, *Epist*, 118.
(2) Val-Max, VII, 5. 2.

menclator est comme l'ombre du candidat, du plus loin qu'il voit quelqu'un, il le lui nomme avec quelques détails sur sa situation sociale : Seius tout puissant dans la tribu Fabia. Cornélius, très écouté dans la tribu Velia, etc. ». Et notre candidat de répéter la leçon au nouveau venu avec force protestations d'amitié. Assurément il faudrait être bien sot pour croire à la réalité de ces effusions, le *nomenclator* est là pour dire quelle est la source de toutes ces démonstrations, et cependant le Romain aime cette petite comédie, il s'y laisse prendre, en est touché. Ainsi la *prensatio* commençait-elle de bonne heure et se renouvelait-elle plusieurs fois durant la candidature. Ainsi un an avant d'être nommé consul, Cicéron annonçait déjà à Atticus son intention de profiter de l'élection des tribuns pour aller commencer à serrer la main au peuple sur le Champ-de-Mars.

Parmi les moyens de publicité dont disposaient les candidats, il convient de noter d'ailleurs les affiches dont on usait encore plus qu'aujourd'hui. Sans doute pour une élection on ne gravait pas sur le marbre ou l'airain, comme s'il se fût agi d'un décret du Sénat ; on se contentait d'une planche de bois ou d'un simple mur blanchi à la chaux, le candidat élu ou repoussé, on passait une nouvelle couche de peinture sur la tablette et elle servait pour l'année suivante.

Les ruines de Pompéi ont fourni nombre de réclames électorales ainsi gravées et l'on voit les personnalités les plus diverses recommander aux électeurs de voter pour tel ou tel candidat. Cette abondance d'affiches s'explique d'ailleurs pour qui connaît les habitudes de la vie antique. Les anciens n'ont jamais eu beaucoup de goût pour la vie d'intérieur, et sous le beau ciel d'Italie les Romains passaient une bonne partie de leur journée à jouir sur le Forum des spectacles de la vie publique. Dans ces promenades sans fin, les affiches s'offraient tout naturellement à leurs yeux, et c'était une des distractions ordinaires de leur vie oisive.

Pendant que nous parlons de la publicité, il est intéressant de noter que Rome a aussi, dans une certaine mesure, connu le journalisme, en entendant au moins par ce mot, le fait de porter les nouvelles à la connaissance de tous. En 59 av. J-C. (695 U. C.) César fut nommé consul; voulant à tout prix ruiner l'influence aristocratique et briser une des forces du Sénat : le secret de ses délibérations, il établit que les procès-verbaux des assemblées du peuple et du Sénat seraient rédigés et publiés. C'était là une extension importante de l'ancien usage qui faisait afficher au Forum les décrets des magistrats et les actes importants de la vie publique (1). Nous ne croyons pas pourtant que les candidats aient pu se servir des affiches officielles qui devaient néanmoins enregistrer leur nomination.

Au surplus, ce n'est pas que le candidat doive éviter de parler en public, il doit le faire sans cesse au Forum, soit en plaidant, soit en intervenant aux assemblées dans la discussion des lois. D'ailleurs, un tribun de vos amis convoquera le peuple tout exprès pour vous entendre. Une fois à la tribune,

_____

(1) *Le Journal de Rome, Revue des Deux-Mondes,* 15 nov. 1895 p. 284.

le candidat parle de lui et des autres avec cette
absence de scrupules, cette liberté de parole qui
est la marque de l'éloquence antique. Les orateurs
n'avaient pas nos scrupules modernes; sans rougir, ils se vantaient eux-mêmes, se décernant
toutes sortes d'éloges, réservant tous les outrages
pour leurs adversaires. Cicéron tout le premier ne
manque jamais de se glorifier lui-même dès qu'il
en a l'occasion, et parlant de ses compétiteurs au
consulat, il traite Antoine, son futur collègue, de
fripon, et Catilina d'assassin. Catilina « a porté de
» ses mains du Janicule jusqu'au temple d'Apollon
» et jeté aux pieds de Sylla la tête sanglante d'un
» proscrit qu'il venait de tuer. »

Sur sa vie privée : « Il a spéculé, pour s'enrichir,
» sur les désordres de sa femme et a fini par épou-
» ser sa propre fille. » Et c'était Cicéron, un homme
de bonne compagnie, un orateur distingué, qui
s'exprimait ainsi; que devaient donc dire les candidats vulgaires?

Pour éblouir encore le peuple et enlever son
suffrage, notre candidat s'entoure de nombreux
partisans, de cortèges immenses. Il faut montrer
l'éclat et l'apparat de sa clientèle, l'ostentation de
son crédit, une longue foule d'amis et d'obligés que
l'on traîne après soi; rien ne fait meilleur effet
dans un pays où l'on mesure l'importance d'un
homme d'après ceux qui le suivent, que de se
montrer au Forum escorté d'amis (1). Heureux
ceux qui, comme L. Crassus, pouvaient trouver un
Scœvola, un des princes de la cité, pour marcher

---

(1) Cic., *de pet. cons.*, IX.

avec eux dans leurs promenades électorales (1). —
Il faut, en un mot, dit Quintus (*loc cit.*), que votre
candidature ait grand air : « *Tota petitio cura ut*
» *pompœ plena sit, ut habeat summam speciem*
» *et dignitatem.* »

A Rome, les clients venaient le matin saluer le
patron, les grandes familles les voyaient arriver
à flots pressés, suivant l'expression de Virgile.

Quant aux candidats, toute la ville défilait chez
eux.

Le soleil n'a pas paru que leur porte doit être
ouverte, le zèle de leurs amis va jusqu'à station-
ner dans la rue quand la nuit est encore profonde.

Puis arrivent les curieux, les oisifs, les indifférents, les envieux à l'affût de nouvelles qu'ils
pourront colporter partout. Cicéron nous apprend
en effet que certains allaient visiter tous les candidats tour à tour, supputant le nombre de leurs
amis, lisant sur leur visage leurs craintes et leurs
espérances. Avait-on un moment d'ennui, aussitôt
ils allaient répétant partout que les chances bais-
saient et qu'on en était au découragement. Aussi
le candidat est-il toujours de bonne humeur et du
saut du lit au soir, il aura cet air affable et souriant
qu'il ne devra jamais quitter.

La salutation finie, vers huit heures du matin il
fallait escorter le candidat se rendant au forum
pour y remplir ses fonctions d'avocat ou de juge.
Tous alors de l'accompagner, formant d'intermi-
nables processions arrêtant la circulation des voies
publiques. Il fallait bien montrer qu'on avait plus

---

(1) Cic., *de Orat*. I, 24.

de partisans que les autres et que le succès était certain, il fallait bien ébranler les indécis, rallier ceux qui se tournent toujours vers la fortune.

D'ailleurs, les amis du candidat se partagent les rôles. Les uns, les *deductores,* se contentent de conduire le candidat de chez lui au forum, ce sont les plus illustres, les plus grands personnages qui ont eux-mêmes beaucoup à faire, mais aussi ce sont ces gens d'importance qu'on aime à montrer et qui honorent leur protégé !

Aussi sera-t-on pénétré de reconnaissance et touché de l'honneur qu'ils vous font. Daignent-ils se promener un instant avec vous dans les basiliques, leur bonté est immense et l'on doit se confondre en remerciements.

Plus humbles sont les *assectores*, qui ne doivent pas quitter le candidat, s'attachant à ses pas, marchant et s'arrêtant avec lui, ils le ramènent chez lui les affaires finies, pour le reprendre le lendemain et cela jusqu'à l'élection. Ce n'était pas d'ailleurs un métier agréable, car il fallait venir chaque jour ou procurer un remplaçant, aussi était-ce là la manière dont s'acquittait la reconnaissance de ceux qu'on avait obligés et qui n'avaient d'autre moyen de payer que de faire nombre autour du candidat.

En ces mille intrigues nouées, le candidat se déclare enfin officiellement, en remplissant les formalités que nous avons déjà étudiées.

Passons maintenant, pour clôturer ce chapitre, à l'étude des faits, les écrits de Cicéron vont nous montrer la pratique d'une élection avec ces solli-

citations autorisées par les mœurs, approuvées par
les tribunaux.

Un ami du grand orateur, Plancius, fils d'un
simple chevalier, avait obtenu l'édilité curule contre
Juventius Laterensis, jeune homme d'une grande
noblesse. En se mettant sur les rangs, Plancius
n'ignorait pas que le premier privilège des peuples
libres, et spécialement de ce peuple, dit orgueil-
leusement Cicéron, le premier du monde, vainqueur et maître de toutes les nations, est de
donner ses suffrages à qui il voudrait (1). Il voulait réussir dans sa candidature et dès lors, il
n'épargna, ni les supplications, ni les flatteries, se
mettant en avant, prodiguant son crédit, suivant
en un mot l'exemple de tout ce que Rome comptait d'hommes de bien, qui par des libéralités
modérées, avaient su se concilier les faveurs
populaires (2).

A cet effet, Plancius s'était appliqué à se ménager des intelligences dans sa tribu, cautionnant
les dettes des uns, mettant au service des ambi-
tions des autres, l'autorité et les influences de son
père, chevalier romain et membre illustre de la
puissante corporation des publicains (3). Cet ordre
jouait d'ailleurs un rôle très important dans des
élections où l'or avait tant de pouvoir (4), les richesses des fermiers de l'impôt compensant et
au-delà, leur petit nombre numérique dans les

---

(1) Cic.; *pro Planc.* IV.
(2) Cic.; *pro Plarc.* XIX.
(3) Cic., *pro Planc.* XIII. et XIX.
(4) Cic., *de pet Cons.* VIII.

centuries (*qui ordo quanto adjumento sit in honore quis nescit*) (1).

Aussi Plancius, issu d'une famille équestre, avait vivement bénéficié de l'utile appui des chevaliers (2) Il avait d'ailleurs abaissé sa fierté devant le peuple, le suppliant humblement (3), et, détail qui nous montre jusqu'où allait l'abaissement des caractères dans cette République romaine parfois si vantée, Cicéron, tout consulaire qu'il était, avoue s'être adressé au peuple, l'avoir prié et sollicité à genoux pour ce candidat dont il avait eu à se louer dans l'infortune (4). N'était-ce pas là d'ailleurs l'usage des plus nobles et des plus illustres d'entre les Romains, qui jaloux de se ménager du crédit dans leurs tribus respectives, ne rougissaient pas d'employer même leurs enfants pour gagner la confiance et la faveur des citoyens (5). Cicéron nous apprend encore que Plancius avait repris à Laterensis des tribus qu'il lui avait cédées dans une précédente élection (6) c'était l'éclatant témoignage de sa popularité que de se disposer des suffrages de toute une tribu et les attribuer en bloc au candidat qu'on voulait favoriser. Et ce n'étaient pas là des traités occultes, réprouvés par les mœurs ou la loi, on avouait hautement ces conventions, on en tirait gloire des deux côtés et même si les promesses n'étaient pas fidèlement

---

(1) Cic., *pro Planc.*, IX.
(2) Cic., *pro Planc.*, IX,
(3) Cic., *pro Planc.*, XX.
(4) Cic., *pro Planc.*, X.
(5) Cic., *pro Planc.*, XVIII.
(6) Cic., *pro Planc.*, XXII.

remplies, si les électeurs avaient fait acte d'indé-
pendance, c'était un sujet de plaintes qui retentis-
saient jusque dans les tribunaux (1).

Devant l'activité de Plancius, qu'avait fait Laterensis ? Il était tranquillement à Cyrène, en Afrique,
confiant comme Caton, dans l'autorité de ses talents, dans le prestige du nom d'une famille ancienne et illustre, il méprisait de sacrifier aux vieux
usages, de venir supplier le peuple. L'oublieux !
les exemples abondaient pour prouver que la
prière seule réussissait auprès du peuple Romain :
c'était M. Seius qui, quoique rayé ignominieuse-
ment de la liste des chevaliers, s'était vu préféré à
Pison, homme éloquent, noble, vertueux, mais
trop froid, c'était encore Q. Catulus vaincu malgré
sa naissance, sa probité, sa sagesse et voyant
nommé consul Cn. Manlius, dépourvu de talent,
de courage et d'honneur, mais rachetant ses défauts par l'ardeur de ses prières.

Laterensis portait donc le châtiment de son in-
différence et en l'écartant de l'édilité, Rome avait
une fois de plus accordé le bienfait de ses suffrages à celui qui l'avait le plus vivement sollicitée (2).

En revanche sans doute, Laterensis avait pu
compter sur Tusculum, sa ville natale, le lieu par
conséquent où, nous l'avons vu, le candidat pouvait compter sur les plus solides appuis; mais
malheureusement pour lui l'aristocratique ville de
Tusculum était peuplée de vieilles familles de sénateurs et de consulaires et qui gorgées d'honneurs

---

(1) Cic., *pro Planc.*, XXII

(2) Cic., *pro Planc.*, V.

voyaient d'une façon assez indifférente, un des leurs briguer de nouveau les charges publiques. Qu'importait à ce municipe que tant de noms glorieux illustraient déjà, d'enrichir sa liste de grands noms par de nouvelles élévations ? (1).

Ah! si c'avait été un municipe moins favorisé, on eût déployé de l'ardeur auprès des tribus romaines pour assurer le succès de l'enfant du sol (2).

Par exemple les citoyens des préfectures d'Atina dans le Latium, d'Arpinum, patrie de Cicéron, de Sora, de Casipum, d'Aquinum, ceux des pays de Venafre ou d'Allifa, mettaient à soutenir les candidatures de leurs compatriotes toute l'ardeur de gens que le succès des leurs enivre d'orgueil en jetant quelque lustre sur ces cités obscures.

Aussi Plancius, natif d'Atina, avait–il été puissamment secondé par la nature solliciteuse de ses compatriotes et cette obscure patrie l'avait plus servi qu'Arpinum pour Laterensis.

Attaquée comme entachée de brigue, l'élection de Plancius fut maintenue à l'unanimité, car au fond les plaintes des amis de Laterensis n'étaient qu'un tableau, renforcé pour les besoins de la cause, des intrigues et des menées que chacun pratiquait au grand jour, si honnête fût-on. — Voilà quelle était la candidature licite et honnête dans cette ville de Rome, réunion impure de toutes les nations. Telles étaient les luttes, les embûches, les mensonges, les vices qui semblaient défendre aux hommes vertueux l'accès des magistratures de

---

(1) Cic., *pro Planc.*, VIII, IX.
(2) Cic., *pro Planc.*, VIII, IX.

l'Etat (1), s'ils ne voulaient, eux aussi, sacrifier à la haine, à l'orgueil et à l'injustice. En fait l'éloquence et l'argent étaient les plus sûrs modes de succès, car la pureté de la vie et l'autorité des mœurs étaient presque sans forces devant la parole sans scrupule de rivaux corrupteurs.

---

(1) Cic. *de pet. cons.* XIV.

CHAPITRE VII.

LE VOTE.

Les Assemblées politiques et électorales (*comitia*) sont un des organes des plus importants de la constitution romaine. Le peuple ayant sous la République, les droits les plus étendus au moins en théorie, on comprend la nécessité de règles détaillées pour l'organisation des réunions populaires.

Au point de vue qui nous occupe, les comices électoraux s'assemblent suivant des formalités nombreuses, traditionnelles pour la plupart et que les Romains observèrent avec cette minutie scrupuleuse qu'ils apportaient à la conservation de leurs vieux usages.

Nous savons déjà qu'au point de vue politique et électoral, le peuple romain est divisé en centuries et en tribus. Il y a donc deux sortes de comices:

les comices centuriates où le peuple est classé *ex censu et œtate* et les comices tributes où il se groupe *ex regionibus et locis*. Beaucoup de dispositions de détail sont d'ailleurs communes aux deux sortes de comices.

Toute Assemblée électorale a des fonctions qui lui sont propres et en ce qui concerne la compétence des comices électoraux, on peut poser les règles suivantes : les *comitia centuriata* présidés par un consul ou un magistrat d'ordre égal avaient la nomination de toutes les hautes magistratures ordinaires, (consuls, préteurs, censeurs) (1) et de la plupart des magistrats extraordinaires, tels que les dictateurs et les tribuns militaires investis de la puissance consulaire (2) de même que les décemvirs *legibus scribundis*. Présidés par un consul (3) ou un préteur (4), les *comitia tributa* élisent les questeurs depuis l'an 447 avant J.-C. (307 U. C.) (5), ainsi que les autres magistrats mineurs ordinaires (6) et extraordinaires (7) et enfin un nombre variable suivant les époques, de tribuns militaires *comitiati* (8).

Quant aux tribuns du peuple, d'abord choisis par la plèbe rustique et partiellement par voie de cooptation (supprimée par une loi Treboniana), un plébiscite de Publilius Volero (470 av. J.-C.) (284

---

(1) Gell. XIII, 15.
(2) Denys. X. 3. — Liv. III. 35, V, 13., etc.
(3) Liv. IV, 44 ; VI, 42 ; VIII, 16, etc.
(4) Liv. X, 21 ; XXII, 33 ; XXXIV, 35, etc.
(5) Gell. VII (VI) ; 9. — Liv. VI , 42 ; IX, 46.
(6) Gell. XIII, 15.
(7) Cic., *de leg. agrar.* II, 7, § 17.
(8) Liv. VII, 5 ; IX, 20 ; XLIII, 2.

U. C.) confia leur élection ainsi que celle des édiles
plébéiens, aux *concilia plebis tributa* présidées par
un tribun.

Les élections ont lieu suivant l'ordre des magistratures à pourvoir et il y a successivement des
*comitia consularia, prœtoria, œdilicia, quœs-
toria*.

Les élections des consuls se faisaient d'ordinaire
au mois de juillet ; ils avaient ensuite près de six
mois à attendre avant d'entrer en fonctions, mais
on voulait ainsi parer à tout événement et éviter
que la République pût se trouver sans consuls.

Les comices consulaires, sont nous l'avons dit,
présidés par un consul, si les deux sont empêchés,
on nomme un interroi ou dictateur *comitiarum
causa*, nommé spécialement pour l'élection et ab-
diquant sitôt après. D'ailleurs le premier consul
élu peut présider l'élection de son collègue (1).

Le consul présidant les comices a un pouvoir
très étendu, allant même, nous dit Tite-Live, jusqu'à exercer son droit de vie et de mort quand le
peuple est réuni hors de Rome au Champ-de-
Mars, et à menacer de ses haches un candidat ou
un électeur comme au milieu d'un camp (2).

La présidence des comices est toujours dévolue
à un magistrat d'un ordre égal ou supérieur à
celui qu'il s'agit d'élire.

Avant de se réunir, le peuple est convoqué par
un édit (*edictum*) du magistrat président (*indicere,
edicere comitia*) (3). Cet édit est publié et affiché

---

(1) Liv. XXII, 35.
(2) Liv. XXIV, 9.
(3) Gell., XIII, 15. — Liv. IV, 57 ; VI, 34, 39, XXXIX, 15, etc.

au moins un *trinundinum* avant l'élection, délai imposé comme minimum par une loi Cœcilia Didia, de 98 av. J.-C. (656 U. C.), et pas toujours observé auparavant (1).

Les comices ne peuvent être réunis que si le jour fixé est un *dies comitialis*. Il y en a 184, notés au calendrier de la lettre *c* (2).

L'aristocratie romaine avait d'abord soigneusement exclu de la liste des *dies comitiales* les jours de marché ou *nundinœ* pour décourager l'opposition des plébéiens de la campagne qu'on ne voulait pas, disait-on, détourner de leurs affaires. Les autres jours, les plébéiens ne venaient pas aux comices : « *Irata plebs interesse comitiis consu-* » *laribus noluit et per patres ciientesque patrum* » *consules creati T. Quinctius et Q. Servitius* (3).

Peu à peu les agrandissements du territoire romain fircut passer la prépondérance au peuple des campagnes. En 286 av. J.-C. (468 U. C.), le dictateur Hortensius fit comprendre sa propre force à la plèbe, l'entraîna sur le Janicule et lui fit voter divers plébiscites, dont l'un déclarait fastes les jours de marché.

Cet état de choses dura jusqu'en 136 av. J.-C. (618 U. C.), époque où une loi Fufia défendit de tenir des comices électoraux les jours des *nundinœ*, loi rendue nécessaire par l'enrôlement des prolétaires dans les tribus qui avait eu lieu quelques années auparavant en 179 av. J.-C. (575 U.C.) (4) et

---

(1) Liv. IV, 24; XXIV, 7 ; XLI, 14.
(2) Macrobe; Saturnales, I, 16.
(3) Liv., II, 64.
(4) Liv., XL, 51.

qui avait amené une influence par trop grande pour les éléments populaires (1).

Jaloux de la faveur des basses couches populaires, Clodius fit abolir la loi Fufia et convoqua arbitrairement les comices, réduisant les tribus à un simulacre où parfois cinq personnes votaient seules (2).

Le peuple ne peut pas être convoqué le même jour pour deux votes (3), En cas de conflit, le magistrat supérieur l'emporte; s'ils sont égaux, c'est celui qui a lancé la première convocation.

Le plus souvent, les comices électoraux se réunissaient au Champ-de-Mars; il faut cependant noter qu'au début les comices tributes se tenaient au Forum ou au Capitole (4), et que ce n'est que sur la fin de la République qu'ils se réunirent eux aussi au Champ-de-Mars (5).

Il convient aussi de dire que, par exception, les comices centuriates eurent parfois lieu dans le *Pomœrium* (6). L'historien Aulu-Gelle nous apprend que le *Pomœrium* était cette partie de la ville que les augures avaient délimitée et à laquelle on attribuait un caractère quasi-sacré (7). « *Po-*
» *mœrium est locus intra agrum efflatum per*
» *totius urbis circuitum pone muros regionibus*
» *certis determinatus qui facit finem urbani aus-*
» *picii.* »

---

(1) Macrobe ; Saturnales, I, 16,

(2) Cic., *pro Sexto,* 41.

(3) Gell. XIII, 16.

(4) Liv. IX, 49 ; Denys, VII, 17.

(5) Liv. XXVII, 21 ; Cic. *pro Planc,* 6.

(6) Liv. VI, 20 ; VII, 41.

(7) Gell., XII, 14.

Les comices avaient lieu en principe en dehors de cette enceinte sacrée (1). Aulu-Gelle nous apprend encore la raison d'être de ce fait qui se rattache aux obligations militaires et aux prérogatives spéciales que revêtent les consuls une fois sortis de Rome : « *Centuriata comitia intra pomœrium* » *fieri nefas esse, quia exercitum extra urbem* » *imperari oporteat, intra urbem imperari jus* » *non sit. Propterea centuriata in Campo Mar-* » *tio haberi... solutum* (2). »

Au total, le Champ-de-Mars était une vaste plaine située le long du Tibre, en face du Janicule, qu'une armée gardait dans les premiers temps, pour éviter une surprise de l'ennemi (3) et en face aussi des collines du Vatican, où Cicéron voulut transférer les comices (4).

Sous la République, le Champ-de-Mars servait aux divertissements et aux exercices de la jeunesse Romaine. Les curieux et les oisifs y venaient comme Horace, colporter les nouvelles, tout en regardant les jeunes gens s'exercer entre eux à des jeux divers, monter à cheval et se jeter dans le Tibre. Sur le gazon du Champ-de-Mars, se détachaient divers édifices, temples et autels et aussi le magnifique théâtre de Pompée avec ses portiques; sans parler bien entendu des bâtiments spéciaux affectés aux comices et que l'Empire devait reconstruire sur un plan superbe du jour où les élections cessèrent d'avoir lieu.

---

(1) Liv. I, 44 ; IX, 46.
(2) Gell., XV, 27.
(3) Dion Cassius, XXXVIII, 28.
(4) Cic. *ad Att.*, XIII, 33, 4.

Au jour fixé, les électeurs ou plutôt d'une façon plus générale, les citoyens se réunissent au Champ-de-Mars, ils y sont précédés des magistrats qui président l'assemblée et qui s'entourent de leurs serviteurs et appariteurs : les licteurs et les hérauts pour les consuls, les *viatores* et les *prœcones* pour les tribuns. Ces magistrats ont encore sous leurs ordres des sonneurs de trompes pour les comices par centuries, pris d'abord dans la section de musiciens de l'armée, puis plus tard fournis par un entrepreneur privé qui s'y engageait par contrat (1).

Occupons-nous maintenant plus spécialement des comices centuriates, aussi bien la plupart des règles de détail sont-elles communes aux deux sortes de comices : centuriates et tributes.

La réunion électorale commence au lever du soleil *in prima luce* pour cesser au plus tard avec le coucher de l'astre du jour (2) on peut d'ailleurs se réunir à une autre heure du jour, comme le fit le consul César pour une élection des questeurs (3).

Le magistrat patricien, seul ou assisté d'un augure, prend les auspices. Suivant les vieilles coutumes, tous les actes de la vie civile ou politique des Romains s'ouvrent par des prières et des sacrifices aux dieux.

Et d'ailleurs c'était là encore un des nombreux moyens inventés par les patriciens romains pour éviter toute surprise du vote populaire. On peut parfois contre toute attente se trouver en face de

---

(1) Varr. *de ling. lat.* VI, 91.
(2) Varr. *de ling. lat,* VI. 92.; Liv. XXXVIII, 51; XXXIX, 16.
(3) Cic., *ad Famil,* VII, 30.

courants d'opinions qui se forment tout d'un coup,
qu'on ne peut pas braver en face, mais qui s'usent
bien vite d'eux-mêmes.

Qu'un de ces courants se manifeste à l'heure de
l'élection, l'assemblée la plus sage et la plus mo-
dérée devient indisciplinée et flottante, oubliant ses
traditions, ses intérêts, ses principes, elle se laisse
parfois aller aux choix les plus inexplicables et les
plus fâcheux.

Pour éviter ces surprises de la dernière heure,
les Romains avaient recours à l'art des augures,
toujours disposés à venir au secours de l'autorité.
Il suffisait d'un signe menaçant dans le ciel, d'un
coup de tonnerre que personne n'avait même entendu, pour que l'augure dise gravement : *alio
die* (1).

Et les comices se trouvaient suspendus, jusqu'à
des jours plus propices, c'est-à-dire jusqu'au moment où le parti des modérés et des sages avait
reconquis la faveur du peuple.

Il suffisait encore pour empêcher la réunion des
comices de l'*intercessio* d'un magistrat supérieur
ou d'un tribun du peuple (2), d'un cas d'épilepsie
(*morbus comitialis*) et surtout d'un orage ou d'un
éclair : « *Jove tonante fulgurante, comitia populi
habere nefas* » (3).

Bien mieux il suffisait de la seule déclaration
d'un magistrat qu'il entendait consulter les augures
(*se servasse aut servaturum de cœlo*) pour que
cette *obnuntiatio* vienne arrêter les comices. L'édit

---

(1) Cic., *de leg*, II, 12, III, 4.
(2) Liv. IV, 25 ; VI, 35 ; VII, 21.
(3) Liv., XXX, 39 ; XL, 49.

de convocation portait bien défense de le faire : *ne quis magistratus minor de cœlo servasse velit* (1), mais des abus se produisirent à l'occasion de l'exercice de ce droit exorbitant que réglementèrent en 153 av. J.-C., les lois Fufia et Ælia.

Ainsi à titre d'exemple les historiens romains nous rapportent que Caton s'étant porté candidat à la préture et paraissant devoir réussir, en 55 av. J.-C. Pompée rompit l'élection en arguant d'un coup de tonnerre complètement imaginaire et grâce à une corruption effrénée, fit par un « crime des comices », élire Vatinius pour préteur (2).

Les augures sont favorables ; alors le Président des comices donne ordre de les convoquer (3). C'est un véritable ordre militaire, les citoyens réunis en comices par centuries s'appelant *exercitus urbanus* ou simplement *exercitus*. Aussi le droit de convocation n'appartient-il ici qu'aux magistrats dont l'*imperium* militaire leur permet de *vocare exercitum* (4). Ce sont, nous l'avons vu plus haut, les consuls, les dictateurs et les tribuns investis de la puissance consulaire.

Quoi qu'il en soit, le héraut fait la publication d'abord dans l'enceinte du lieu inauguré *(templum)* (5) où le Président fait des sacrifices, puis dans l'enceinte des murs de la ville *(de muris comitiatum populum prœco vocet ad te* (6). Cet ap-

---

(1) Gell., XIII, 15.
(2) Val.-Max.; VII, 5, 9.
(3) Liv.; I, 36; V, 14.
(4) Liv.; I, 36.
(5) Liv.; III, 20.
(6) Varr.; *de ling. lat.*; VI, 86 et 91.

pel du héraut par lequel il ordonne aussi aux marchands de fermer leurs boutiques (1), était probablement accompagné de sonneries de trompettes (*tubœ*) (2).

Le peuple se réunit à l'appel du crieur et c'est l'instant pour les candidats des suprêmes manœuvres, des dernières promesses et calomnies, pour modifier l'opinion de l'électeur.

Bientôt après on apporte la chaise curule qu'on place sur une estrade dite Tribunal (3), sur laquelle s'installe le magistrat président, arrivant précédé de ses licteurs, qui abaissent leurs faisceaux devant le peuple (4), comme hommage rendu à sa souveraineté.

D'ordinaire le Président invite ses collègues, les autres magistrats supérieurs à prendre place à ses côtés sur l'estrade (*sedere pro tribunali*) (5). Il en use de même envers les personnalités marquantes qu'il veut honorer et le plus souvent envers les candidats.

Assisté de pontifes, d'augures et de deux sacrificateurs (6), le magistrat fait un sacrifice et dit des prières solennelles : (*solemne carmen precationis*) (7) appelant la bénédiction des dieux sur l'acte important pour tous auquel on va procéder. Pendant ce temps, on arbore un drapeau rouge,

---

(1) Varr.; *de ling lat.*; VI, 76.
(2) Varr.; *de ling. lat.*; VI, 72.
(3) Liv.; XXVI, 22, et Suétone. *Tib*. XVII.
(4) Liv.; II, 7.
(5) Varr., *de ling. lat.* VI, 91 et Suétone. *Tib*. XVII.
(6) Liv., XXXI, 7; Denys, X, 32, 57.
(7) Liv., XXXIX, 15.

(couleur de la guerre) sur le Janicule (1), souvenir des temps où le peuple se réunissait en
armes (2).

Si on amenait le drapeau, le vote devait cesser,
coutume qui subsista toujours malgré les abus
possibles.

Varron nous a conservé quelques-unes des
vieilles formules dont on se servait pour convoquer les électeurs.

Pour un premier appel, le magistrat disait :
« *Calpurni, voca inlicium omnes quirites huc ad*
» *me* ». Et le héraut (*accensus*) disait : « *Omnes*
» *quirites, venite huc ad judices* », pendant que
le *classicus cornicen* sonnait de la trompe *in
arce circumque muros* (3).

« *Buccina cogebat priscos in verba quirites* (4).»

Une fois le peuple réuni et les sacrifices accom-
plis, un nouvel appel est fait aux électeurs. En
voici la forme la plus ordinaire : S'adressant à
l'*accensus*, le président dit : « *C. Calpurni, voca*
» *ad conventionem omnes quirites huc ad me.* »

L'appariteur répète à haute voix : « *Omnes qui-*
» *rites ite ad conventionem huc ad judices* (5). »

Le but de cette formule qui ouvre réellement la
journée électorale, paraît être d'appeler l'attention des citoyens sur les devoirs qui leur incom-
bent et de les grouper autour du tribunal du
président pour qu'ils entendent bien les commu-

---

(1) Dion Cassius XXXVII, 28, *cf.* Liv, XXXIX, 15.
(2) Denys, IV, 84, VII, 59, *cf.* Liv., I, 44.
(3) Gell.; XV, 27.
(4) Properce, V (VI), I, 13.
(5) Varr., *de ling. lat.*, VI, 75.

nications qui vont leur être faites sur le but des comices.

S'adressant alors directement aux électeurs rangés autour de lui à la voix du héraut, le Président leur adresse d'abord des paroles de déférence : *Velitis jubeatis uti; vos quirites rogo* (1). Cette formule traditionnelle ne comporte aucune réponse.

On demande ainsi au peuple s'il veut et prescrit que les personnes désignées par le magistrat revêtent les fonctions dont il est question. Plus tard le but de la demande était de savoir qui on voulait porter à telle magistrature qu'il fallut toujours préalablement nommer verbalement avant le vote.

Le magistrat fait en effet annoncer par un *prœco* les magistratures à attribuer, la liste des candidats, les seuls qui puissent être élus et il termine par un souhait de bienvenue et de bonheur. « *Quod bo-* » *num fortunatum felixque salutareque siet po-* » *pulo romano quiritium reique publicœ populi* » *romani quiritium mihique collegœque meo fi-* » *dei, magistratuique vostro* » (2).

Il ne paraît pas y avoir eu de débat avant le vote, les magistrats pouvaient bien toujours et à leur gré, convoquer des réunions préparatoires, mais ce n'était pas l'usage, de même que d'adresser un discours au peuple. Notons cependant que le magistrat faisait parfois des allocutions d'ordre général sur la nécessité d'avoir pour gérer les fonctions publiques des hommes capables et que dans cer-

---

(1) Liv., I, 46.
(2) Liv. I, 46.

tains cas il n'hésitait pas à patronner ouvertement tel ou tel candidat (1).

Jusqu'ici l'assemblée n'est pas ordonnée, chacun se place comme il le veut, sans ordre déterminé, c'est une simple *conventio* ou *contio* (2) qu'un ordre du Président va transformer en *comitia* : *Imperio quo convenit ad comitia centuriata* (3). Le peuple se range alors par classes et par centuries, ayant anciennement un centurion à leur tête. Pour faciliter ce classement, le Président ordonne, de faire sortir, d'éloigner (*summovere*) les assistants non-électeurs, et si pour troubler les comices, ces intrus refusaient de sortir, le magistrat avait le droit de faire arrêter les récalcitrants (4). Puis le peuple se répartit en sections, sur une formule d'une urbanité parfaite: *Si vobis videtur, discedite Quirites* (5).

Les électeurs se répartissent alors sur un ordre (*intra vocare*) dans un espace clos: *licium* ceinture, d'où l'expression : (*Vocare populum inlicium* ou *populum inlicere*), divisé en enceintes spéciales closes de palissades (*septum*) (6).

C'est le Président qui ordonne cette répartition du peuple (*discurrere in tribus ad suffragium ferundum* (7) et chaque électeur doit aussitôt obéir, s'il n'entre pas dans le *septum* qui lui est attribué, il est exclu du vote.

---

(1) Liv., X, 21.
(2) Gell. XV, 27.
(3) Varro, *de ling. lat.*, IV, 9.
(4) Liv., II, 56.
(5) Liv III, 56.
(6) Liv. X, 13.
(7) Liv., XXV, 2.

On tire alors au sort la centurie qui doit voter la première, celle qu'on appelait *centuria prœrogativa* au moins depuis la réforme de l'assemblée centuriate. Cette étrange coutume de faire voter une centurie à part et avant les autres, provenait d'une vieille superstition que les Romains ne purent jamais abandonner. Ils regardaient ce vote comme une sorte d'ordre ou de désignation des dieux, tous les indécis allaient de ce côté et il était bien rare que celui qu'élisait la centurie prérogative ne recueillit pas les voix des suivantes (1).

Dans la constitution primitive de Servius, c'était aux nobles, à une des dix-huit centuries de chevaliers, qu'était dévolu ce droit important de préjuger en quelque sorte de l'élection. Quand cette constitution fut réformée dans un sens plus libéral, on décida de tirer au sort le choix de la centurie prérogative et ce n'était qu'après que celle-ci avait voté et après qu'on avait proclamé les noms de ses élus que les autres centuries allaient au scrutin.

Ces divers actes préliminaires de l'élection se clôturent par un ordre du Président aux électeurs d'avoir à exercer leur droit de suffrage. De cet instant où il les envoie voter (*mittit in suffragium*) le scrutin est réellement ouvert.

D'une manière générale, le vote du citoyen romain est la réponse à la question posée par le président.

Il y a dans l'élection une sorte de contrat bilatéral, d'acte exigeant l'accord de deux volontés.

Aussi la réponse du votant doit-elle être scru-

---

(1) Cic., *pro Planc.*, XX, 49.

puleusement conforme à la *rogatio* du magistrat absolument comme pour le contrat ae stipulation du droit privé.

Il faut donc une manifestation expresse de volonté, ce qui exclut les votes d'ensemble à main levée. On peut croire à bon droit que pour les premiers siècles de la République, l'aristocratie et le Sénat présentaient au peuple de véritables candidats officiels (1), dont le peuple sanctionnait ou non l'élection par un vote exprimé comme pour un projet de loi, par les formules *Uti rogas* (2) (pour) et *antiquo* (3) (contre).

Plus tard, le peuple ayant reçu le droit véritable d'élire les fonctionnaires aux diverses magistratures, on pratiqua le système moderne d'élection, consistant à donner un nom pour chaque place vacante (4).

Il n'est pas sans intérêt de rechercher la façon précise dont s'accomplissaient à Rome les mille détails que nécessitent les votes populaires. En plus d'une curiosité historique, il est important de connaître l'organisation matérielle du scrutin, car, au fond, c'est dans cette organisation même que résident la liberté et la sincérité du vote, et les nombreuses difficultés que rencontrent les nations modernes dans le maniement de la lourde et délicate machine du suffrage universel, ne rendent que plus intéressante la solution du problème.

(1) Denys, IV, 75, 76, 84; VII, 82, IX, 42.

(2) Liv., XXXIII, 25. — Cic., *de leg*, II, 10. — *ad Att*. I, 14.

(3) Cic., *de leg;* III, 17, etc.

(4) Cic., *pro Planc*, XXII, 53. — Liv., XXIV, 7, XXVI, 22; XXVII, 6.

L'expédient actuel pour accélérer la marche du scrutin, celui de multiples bureaux de vote, était inconnu des Romains. Chez eux, tout le peuple votait ensemble et cependant l'élection ne laissait pas que d'être rapide. On connaissait le plus souvent le résultat à la chute du jour. Une vieille régle limitait en effet, les actes politiques de Rome au coucher du soleil, sinon le vote non terminé à ce moment de la journée était renvoyé au prochain *dies comitialis* (1.

Pour aller si vite, que faisait-on donc? Nul historien latin n'a laissé un tableau complet et exact d'une élection. On n'attache, en effet, que peu d'importance à des actes courants de la vie de chaque jour. L'histoire nous transmet bien plutôt les événements importants et rares que le détail de la vie politique de la cité. Ce qui est connu de tout le monde, ce qui revient à échéance fixe, frappe peu et nul ne songe à en fixer le souvenir, ne pouvant croire qu'on oubliera un jour ce que chacun sait si bien aujourd'hui. C'est donc par les fragments épars où les orateurs et écrivains de l'antiquité nous parlent incidemment de la mêlée électorale, que nous pouvons seulement essayer de reconstituer l'aspect du Champ-de-Mars le jour où le peuple de Rome allait enfin, par son suffrage, décider quel citoyen serait consul, quel serait celui qui commanderait à tant d'hommes, quel serait aussi celui qui n'avait pas prodigué en vain son argent et les flatteries.

Dans la partie du Champ-de-Mars réservée aux élections se trouvait un vaste espace clos assez

(1) Cic., *pro Mur*, I. — Liv., X, 22.

semblable comme disposition et comme forme à un parc à bestiaux, c'est l'*ovile*, la bergerie (1). Au centre de cet enclos se place l'estrade (*tribunal*) du magistrat présidant les comices, assisté de ses assesseurs, des personnes chargées de surveiller le scrutin, en un mot le bureau, pour employer l'expression moderne. Autour de l'*ovile* et en communication avec lui étaient les *septa* fermés de cordes, de barrières de planches ou peut-être de murs et servant à contenir la foule de citoyens Romains : « *septa proprie sunt loca in campo Martio inclusa tabulatis in quibus stans populus Romanus suffragia ferre consueverat* (2). »

Les archéologues n'ont pas complétement reconstitué le plan de ces monuments électoraux, mais on est en droit de penser que la forme circulaire avait dû être adoptée comme la plus simple, la plus logique et la plus rapide pour l'accomplissement du vote. Il y devait avoir une disposition analogue aux rayons d'une roue : l'*ovile* étant le moyeu et les clôtures des *septa* représentant les rayons. Mais ce n'est là qu'une pure hypothèse.

Durant des siècles, on se contenta de constructions modestes ; César qui voulait éblouir ses concitoyens par ses magnificences, eut l'idée de remplacer les planches par des colonnes de marbre et de couvrir l'espace où se tenaient les électeurs exposés, sans abri, à la pluie et au soleil. Ce furent les *septa marmorea* (1), commencés en l'an

---

(1) Liv., XXIV, 22 ; Cic., *pro Milone*, 15 § 41 ; Ovide, *Fastes*, I, 53.

(2) Servius ; *Commentaria in Virgilii carmina. Buc;* I, 33.

(1) Cic., *ad Att* IV; 16.

54 av. J.-C., terminés par Auguste et Agrippa vingt-sept ans après et entourés de superbes portiques (1). Ce bel ouvrage ne servit guère, à peine était-il fini, que le peuple perdit le droit d'élire ses magistrats.

Les *septa marmorea* de César ne furent qn'une décoration de plus pour le Champ-de-Mars; les étrangers en admiraient fort les larges galeries; mais peut-être les vieux Romains, fidèles aux gloires passées, regrettaient-ils en passant près du monument somptueux et inutile, l'ancien parc à moutons de la République, cet espace clos de planches, où, cinq siècles durant, on avait nommé les consuls.

Il y avait bien probablement autant de *septa* que de sections de vote votant ensemble, c'est-à-dire de tribus ou de centuries d'une classe. Nous savons que les électeurs de chaque centurie y étaient enfermés durant le vote, pour éviter qu'un même électeur pût voter plusieurs fois.

L'*Ovile* avait un grand nombre d'entrées, une au moins pour chaque *septa*. Ces entrées étaient constituées par des passages étroits, limités par des barrières ou des cordes, élevés de quelques pieds au-dessus du sol; ils ressemblaient à des ponts (2), d'où le nom de *pontes* qui les désignait. Les citoyens de chaque centurie se tenaient en face de la porte par où ils devaient pénétrer dans l'*ovile*, porte et pont gardés par un assesseur, un *custos*, citoyen désigné par le président, qui faisait défiler les électeurs un à un dans l'*ovile*, après avoir cons-

---

(1) Pline; XX, 76 (40).
(2) Suétone, *Cæs*, 80, et Cic., *de leg*. III, 17.

taté leur identité, et probablement dans un ordre
convenu. A la sortie du pont se trouvait un *rogator*
désigné par le président, probablement parmi les
chefs des centuries, et pouvant voter le premier.
Au surplus, on notait toujours le nom du premier
votant.

Le vote fut longtemps public et oral, les citoyens de toutes les centuries d'une classe à la fois,
en en exceptant la *prœrogativa* qui avait déjà voté,
passaient l'un après l'autre devant le *rogator* en
énonçant à haute voix les noms de ceux à qui ils
voulaient donner leurs suffrages, et un officier
public marquait d'un point sur un registre chaque
suffrage exprimé.

Ce système de vote public était par trop favorable à l'aristocratie, aussi les tribuns du peuple
réclamèrent et finirent par obtenir le scrutin secret. Ce fut une des plus belles victoires de la plèbe,
et Cicéron y voit un coup mortel porté à l'aristocratie. Les *leges tabellariœ*, une loi Gabinia de 615
av. J.-C., prescrivirent le vote écrit par tablettes
pour l'élection des magistrats.

Désormais, à l'entrée des ponts, l'électeur rece-
vait des mains des appariteurs une petite tablette,
un bulletin de vote, dirions-nous aujourd'hui, où
il inscrivait son suffrage par des initiales (1). A
l'autre extrémité du pont, l'électeur jetait sa tablette dans une corbeille ou une urne (*cista*), puis
entrait dans l'*ovile*, d'où il ne pouvait plus sortir
avant la fin de l'élection, ce qui empêchait les dou-
bles votes. Avec ce système, les pauvres gens qui

______

(1) Cic., *pro domo*, XXXXIII, 112.

n'osaient braver les nobles en face recouvraient leur liberté, en étant certains de ne pas voir divulguer le secret de leurs votes. Aussi Cicéron de dire *tabella vindex tacitæ libertatis* (1); mais Pline le jeune, plus sceptique, se demande combien de gens gardent en secret la probité avec autant d'empire qu'en public (*non quantocuique eadem honestatis cura secreto quæ palam*) (2).

Après avoir établi la sincérité du vote, il fallait préserver la sincérité de l'élection en prévenant les diverses fraudes, tâche qui ne laissa pas que d'être difficile avec le temps, à mesure que s'altérait la moralité publique et que les divers partis, plus animés les uns contre les autres, n'hésitaient pas à recourir à des moyens coupables pour faire triompher leurs candidats. Il fallut prendre toutes sortes de précautions pour déjouer leurs ruses. Ce fut d'abord une loi de Marius, 120 av. J.-C. (634 U. C.) sur les *pontes*. Cette loi Maria rendit ces passages très étroits, de manière qu'on ne pût y circuler que un à un, en évitant les encombrements et les confusions dans le vote (*pontes fecit angustos*) (3).

Malgré cela, le vote n'était pas absolument secret, un certain contrôle, une certaine pression s'exerçaient jusqu'aux abords de l'urne.

Un grand nombre d'électeurs ne sachant pas écrire, devaient avoir recours à l'obligeance des tiers pour pointer au poinçon le nom de leur candidat sur les tablettes, il en résultait de nombreux

---

(1) Cic., *de leg. agrar*, II, 2.
(2) Pline, *Epist*.
(3) Cic., *de leg.*, III, 17.

abus et parfois des substitutions frauduleuses (1).
Il n'y avait que demi-mal lorsqu'on gravait
seulement des facéties, que Pline s'indigne de voir
écrire dans l'acte le plus grave de la vie politique
de Rome : « *In quibusdam tabellis multa jacu-*
» *laria atque etiam fœda dictu.* » (2). Notons
encore que l'électeur est soumis à un double contrôle, officiel et officieux. Sur le pont, c'est le *custos*
chargé de voir de près chaque électeur, de le
reconnaître et d'empêcher qu'il ne se glissât des
personnes qui n'avaient pas le 'droit de voter, ce
sont enfin des amis des candidats ; Cicéron se
plaint à plusieurs reprises de leurs envahissements
indiscrets (*pontes occuparant*) pour prendre connaissance de la tablette de l'électeur (3).

Pour éviter qu'on ne déposât plusieurs bulletins
à la fois dans l'urne, les Romains avaient imaginé
un système préventif de la fraude, dont une loi
réglementant les élections municipales, connue
sous le nom de loi de Malaga, nous donne une
idée suffisante : Auprès de chaque *cista* se trouvaient trois électeurs pris dans une autre centurie
que celle dont ils surveillaient le vote. Avant d'entrer en fonctions, ces citoyens jurent d'être de
bonne foi et de surveiller attentivement le vote.

Ces citoyens ont une double mission, ils sont à
la fois gardiens de l'urne (*custodes*) et aussi *diri-*
bitores, scrutateurs, chargés du recensement (4).
Comme on ne voulait pas qu'il fût dit que ce

---

(1) Suet., *Cæs.* 80.
(2) Pline, *Epist.*, IV, 25.
(3) Cic., *ad Att* I, 14 et *de leg.* III, 17.
(4) Loi de Malaga, LV.

bureau officiel constitué par le président des comices, était suspect de pression ou de sympathie trop marquées envers tel ou tel candidat, on admit aussi que chaque candidat pourrait envoyer auprès de chaque urne un homme à lui, un de ses amis chargé de contrôler les *custodes*, d'avoir l'œil sur tout le monde et d'empêcher qu'il ne se fît rien de contraire aux intérêts dont il avait le soin (1).

Plus tard, sous Auguste, la *custodia cistarum* fut confiée à neuf cents chevaliers romains d'une honnêteté reconnue.

Les Romains paraissent avoir éprouvé une grande horreur de l'indifférence politique et de l'abstention électorale ; c'est du moins ce qu'on peut penser en voyant avec quelles minuties de détail, la loi de Malaga, évidemment reflet des anciennes coutumes de la République, avait voulu éviter la perte des voix des *custodes* officiels et officieux. Comme les élections avaient une durée assez courte et qu'on ne voulait ni établir un roulement parmi les gardiens, ni leur permettre d'abandonner l'urne dont ils avaient la surveillance, la loi de Malaga (*LV in fine*) décide qu'ils voteront avec la curie(lisez la centurie), dont ils surveillent l'urne et que leur vote sera aussi valable que s'ils avaient voté avec la section de vote qui leur est naturellement réservée. — Quant au Président des comices, il quitte son siège pour voter avec sa centurie (2).

Nous devons encore remarquer que si le mécanisme même du vote exige la présence réelle de

____

(1) Varr., *de re rust*. III, 5.
(2) Suet., *Cæs*. 80.

l'électeur, par exception et dans certains cas, les citoyens romains membres de certaines colonies, peuvent à la fin de la République ou sous le principat d'Auguste, adresser leur bulletin clos et scellé au Président qui le déposait dans l'urne de leur centurie (1).

Quant à l'ordre dans lequel les citoyens romains sont appelés à voter aux comices centuriates, et sans revenir sur l'organisation des centuries que nous avons exposée précédemment, le système des Romains est fort simple et très ingénieusement combiné pour assurer la prépondérance des éléments aristocratiques Sous la forme primitive établie par Servius, les dix-huit centuries de chevaliers votent les premières, aussi sont-elles *primo vocatœ* (2).

Les six centuries sacrées (*sex suffragia*) formées des membres de la plus haute noblesse, votaient les premières, et leur vote recensé et proclamé à part formait l'*omen* ou volonté des dieux, vote qui entraînait généralement celui des douze autres centuries équestres et du reste des centuries pédestres, à tel point qu'il y a là presque une élection que le peuple n'a plus qu'à sanctionner. On appelait ensuite à voter les citoyens de la première classe et comme les quatre-vingts centuries, qui la composaient, jointes aux dix-huit centuries équestres, formaient la majorité absolue, le vote s'arrêtait là en général. Les nobles en effet, s'entendaient entre eux pour les affaires importantes et leur vote émis, l'élection était finie. Une

____

(1) Suet., *Aug.*, 46.
(2) Liv. XXVII, 2.

poignée de riches et de nobles décidait de tout et le reste ne votait presque jamais, bien que ce fût en réalité la masse du peuple. Quoi qu'il en soit, en cas de désaccord au sein de la première classe *quod raro incidebat,* on appelait la seconde classe et ainsi de suite, mais bien rarement on arrivait à faire voter tout le peuple : *nec fere unquam infra ita descenderent, ut ad infimos pervenirent* (1).

L'élection était finie lorsque un nom avait réuni la majorité absolue des suffrages ; chaque centurie comptant pour une voix, comme nous le savons déjà.

Après la réforme de l'assemblée centuriate, le mode de votation demeure à peu près le même, mais la centurie dite *prœrogativa* vote la première, puis viennent les centuries de chevaliers et celles de la première classe, etc. La majorité absolue étant ici de 187, il était nécessaire de faire voter au moins jusqu'à la troisième classe et en cas de désaccord ou de fluctuations, d'appeler tout le monde au scrutin. On annonçait séparément le résultat du vote de chaque classe, avant d'appeler la suivante aux urnes. Ainsi on voit Antoine arrêter en tant qu'augure l'élection de Dolabella après le vote de la seconde classe (2). Tibérius Gracchus voulut essayer de faire voter les centuries non par classe, mais dans un ordre tiré au sort, c'était là une réforme par trop démocratique, elle échoua devant la résistance du parti conservateur, désireux de

---

(1) Liv. I. 43 et X, 9, 13, etc. *Cf.* Denys, IV. 20, VII, 59, etc.
(2) Cic., *Phillipp*, II, 33.

garder la prépondérance, et ne trouvant que déjà trop belle la part faite à la plèbe urbaine.

Tel était d'une façon générale le mode de votation usité à Rome. Il dénote en son ensemble une très grande habitude de la vie politique et l'évident désir d'assurer autant que possible un scrutin libre et sincère, au moins pour les privilégiés appelés à voter.

Le vote n'est pourtant pas complétement libre, car il n'est pas absolument secret, les nombreux surveillants qui entourent l'urne, les *custodes* officiels ou officieux, durent plus d'une fois par leur présence gêner la libre expression des suffrages, modifier la sympathie de l'électeur, craignant de mécontenter son patron ou son protecteur.

Lorsque tous les électeurs ont défilé dans l'*ovile* le scrutin est fini, sur l'ordre du Président, les corbeilles sont portées dans un édifice voisin des *septa*, le *diribitorium* (de *dis-habere*, séparer, trier), magnifique bâtiment construit au Champ-de-Mars l'an 8 av. J.-C., et si large de voûtes qu'après un incendie, personne n'osa le reconstruire. Avant ces somptuosités du Principat, le dépouillement se faisait dans le local même du vote.

Les électeurs sont rendus à la liberté, et peuvent dès lors sortir de l'enceinte de l'*ovile* et se répandre dans le Champ-de-Mars. Ils pouvaient d'ailleurs aller se reposer des fatigues de la journée et chercher un peu de fraîcheur sous les ombrages de la *Villa publica*, vieille et vaste maison, où la République logeait les généraux qui attendaient le triomphe, les ambassadeurs étrangers que le Sénat n'avait pas encore reçus et enfin tous les personnages d'importance qui n'avaient pas encore le droit de pénétrer dans l'enceinte de la ville.

Pendant ce temps on dépouillait le scrutin, c'était là une affaire d'importance, pour laquelle il ne fallait pas apporter moins de surveillance et d'attention que pour le vote. Rien n'était plus facile que d'attribuer à un candidat plus de voix qu'il n'en avait réellement et des gens peu scrupuleux se laissaient aller à jeter des suffrages supplémentaires dans l'urne.

Pour empêcher toutes ces fraudes, on établit vers la fin de la République, un corps de *custodes* d'une honnêteté éprouvée, formé de trois cents sénateurs, trois cents chevaliers et trois cents *tribuni œrarii* et chargés du recensement des votes. Ici encore les candidats avaient le droit d'envoyer leurs partisans surveiller l'opération.

Le dépouillement du scrutin se fait par les soins des *custodes*. Les uns sortent les bulletins de l'urne, plongeant dans la *cista* leurs bras nus pour éviter toute idée de fraude et tournant vers le peuple la face écrite de chaque tablette qu'ils amenaient. D'autres scrutateurs notaient sur un tableau le nombre de voix obtenues par chaque candidat, en pointant une marque spéciale en regard de chaque nom, autant de fois qu'une *tabella* sort portant le nom d'un candidat, c'est-à-dire autant de fois qu'un suffrage est exprimé.

Les auteurs anciens parlent souvent des suffrages (*puncta*). Nous n'avons qu'à ouvrir Horace pour y lire cette satire mordante d'un candidat malheu-

reux : *suffragiorum puncta non tulit septem* (1).
Quand on obtenait tous les suffrages, c'est-à-dire
l'unanimité, on disait qu'on avait obtenu tous les
points,

   « *Omne tulit punctum qui mîscuit utile dulci* (2).

Le Président surveille le dépouillement et tranche
les cas douteux, sauf le recours de l'intercession
tribunitienne contre ses décisions.

Parfois quand le nombre des électeurs d'une
section est très faible, on supplée irrégulièrement
à cette insuffisance par des bulletins d'une autre
section.

La majorité relative suffit dans chaque centurie.
Lorsqu'elle est obtenue, on dit : *centuriam...
ferre* (3); si elle ne l'est pas: *centuriam perdere* (4).

Il suffit donc pour compter à son profit la voix
d'une centurie, d'avoir dans cette centurie plus de
suffrages que ses concurrents.

Le vote étant recensé, les tablettes sont placées
dans des sacs (*loculi*) (5), que l'on scelle et que
l'on dépose à l'*œrarium* (6). Elles serviront plus
tard de contrôle s'il en est besoin, en cas de procès de brigue, par exemple.

Les *diribitores* ont terminé leurs opérations, ils
doivent alors communiquer les chiffres qu'ils ont
trouvés au Président pour que celui-ci en donne
connaissance au peuple, à l'assemblée redévenue

---

(1) Hor., Satires, II, 2.
(2) Hor., Art poétique, v. 343.
(3) Cic., *pro Planc* X, 49; Liv., VIII, 37.
(4) Cic., *ad Att.*, II, 2.
(5) Varr., *de re rust.* III, 5.
(6) Cic., *in Pis*. XV, 36.

simple *contio*. Il y a lieu dans la proclamation de l'élection de distinguer le vote, le résultat de chaque centurie, et le résultat total, définitif.

Dans chaque centurie, le Président proclame é u (*renuntiat*) le candidat qui a obtenu le plus grand nombre de voix. Le héraut invite le *rogator* à annoncer combien de voix ont obtenues les candidats et sur l'autorisation du Président, il proclame ce résultat. S'il y a deux postes à pourvoir, deux questeurs par exemple, seront élus les deux candidats qui ont obtenu le plus grand nombre de voix. Point n'est besoin nous l'avons vu, d'obtenir un chiffre minimum de voix et quel que soit le nombre des votants, la majorité relative l'emporte. Si le candidat qui réalise cette majorité n'est pas dans les conditions requises d'éligibilité, le Président ne doit pas le proclamer élu; il annule alors le vote de la centurie et fait recommencer le scrutin pour cette section (1) D'ailleurs jusqu'à la *renuntiatio* du résultat, la centurie peut théoriquement modifier son vote, qui n'a pas encore d'existence légale et officielle. On répète la même opération pour les diverses centuries, mais sans un ordre régulier, sauf pour la centurie prérogative dont le résultat était proclamé à part. Il est probable que cet ordre dépendait de la rapidité du dépouillement des divers scrutins partiels et que les votes étaient proclamés au fur et à mesure qu'ils étaient notifiés au Président des comices. En cas d'égalité de voix entre les divers candidats, le sort en décidait (2).

---

(1) Liv. XXIV, 8; XXVI, 22.
(2) Cic., *pro Planc.*. XXII, 53.

Nous avons eu plusieurs fois l'occasion de dire que le droit du Président s'étendait jusqu'à refuser l'inscription d'un candidat sur sa liste. Qu'arrivait-il si les suffrages se portaient sur un incapable ou simplement sur un nom populaire, mais haï de l'aristocratie? La noblesse romaine avait permis aux magistrats de ne pas proclamer élus ceux dont elle redoutait l'intrusion dans la vie politique, Ainsi nous trouvons dans Aulu-Gelle l'exemple d'un édile, qui *negat accipere*, qui refuse de tenir compte des voix obtenues par l'un des candidats (1). C'est encore Pison, présidant les comices et consulté sur un candidat, il déclare que s'il est élu, *non renuntiabit* (2). Lorsque le Président refuse ainsi de proclamer l'élection d'un homme qu'il considère comme peu honorable ou comme ne remplissant pas les conditions requises, il est d'usage qu'il adresse quelques paroles aux électeurs, leur conseillant de modifier leur vote avant de procéder à un nouveau tour de scrutin. C'est vraiment là un pouvoir par trop discrétionnaire et un des meilleurs moyens imaginés par le parti conservateur pour éviter les surprises du suffrage universel. Lors de l'élection qui porta César au consulat, le consul Métellus, constatant que les vingt premières centuries avaient voté pour Lucceius, prononça un discours, dans lequel il représenta Lucceius cemme incapable de porter honorablement le fardeau du consulat, et ordonna de rappeler dans les *septa* les centuries qui avaient déjà voté (*centuriam revocare*). (3)

---

(1) Gell, VI, 9.
(2) Val-Mas., III, 8, 3.
(3) Liv., XXIV, 8 et 9.

Nous connaissons les candidats élus dans chaque centurie, quels sont ceux qui seront proclamés magistrats ? Une simple addition des résultats partiels aurait donné le total définitif, mais c'était là une opération trop simple pour le génie formaliste des Romains et ils inventèrent un système plus compliqué.

Le Président fait graver sur des tablettes le nom qui a réuni dans chaque centurie la majorité des suffrages, les jette dans une urne et les tire au sort. Le tirage s'effectuait de la manière suivante en général, les noms des centuries étant gravés sur des tablettes très légères, on remplissait d'eau l'urne qui les contenaient, et la centurie dont le nom sortait le premier était proclamée la première.

Dès qu'un nom est sorti, le Président proclame d'après les procès-verbaux (*recitat*) (1), le vote de la centurie et quels sont les candidats élus par elle. Il emploie pour cela la formule : *Olla centuria consulèm facit illum* (2), puis il passe à une autre et à toutes successivement suivant l'ordre déterminé par le sort. Seront proclamés définitivement élus ceux qui ont obtenu la majorité des centuries ; chacune de celles-ci comptant pour un suffrage, de façon à permettre aux patriciens et aux riches répartis en de nombreuses centuries de contrebalancer la masse des pauvres et des déshérités entassés dans quelques centuries.

Pour le résultat définitif, la majorité relative ne

---

(1) Varr, *de ling, lat* ; VII, 42.
(2) Varr, *de ling. lat*; VII, 89.

suffit jamais, il faut la majorité absolue (*numerum explere*) (1), la moitié plus un du nombre total des centuries. Une fois que deux candidats s'il y a deux places à pourvoir, auront pour eux la majorité des centuries, on ne proclame plus les votes même dépouillés, le résultat est acquis et l'élection parfaite.

Le héraut proclame alors le *renuntiatio*, le résultat définitif (2).

Excepté pour les censeurs (3), le résultat se proclame séparément pour chaque place, comme il est plus honorable d'être élu le premier, et qu'il y a un *duumvir prior*, un *quæstor primus* (4), on proclame le premier celui qui a obtenu les suffrages d'un plus grand nombre de centuries. C'est là le dernier acte des comices, le Président les dissout aussitôt.

Le résultat de l'élection est consigné sur des registres publics où des scribes mentionnent les détails de l'élection (5).

En annonçant le résultat des élections, le consul présidant les comices centuriates prononçait une formule solennelle et des souhaits de bonheur pour lui-même et la ville de Rome. La formule probable devait-être celle que nous rapporte Cicéron : *Ut ea res mihi magistratuique meo, Populo plebique romanæ bene atque feliciter eveniret.*

---

(1) Liv., III, 64.
(2) Gell, XII, 8.
(3) Liv., IX, 34.
(4) Liv., XXIX, 22. Cic., *Brut*; 93.
(5) Cic., *in Pis* ; 15.

Les électeurs ont terminé leur tâche, les partis vaincus disparaissent, les magistrats nouvellement élus montent sur les Rostres, et adressent au peuple quelques paroles de remerciement, saluées des applaudissements de leurs amis (Plutarque, Paul-Emile, II) Puis ils vont rendre grâces aux dieux, suivis de la foule de leurs clients et de leurs partisans envers lesquels ils se montrent déjà arrogants et fiers : *Posteaquam est designatus, multo salutas negligentius.*

Il est d'usage de les reconduire (*deducere*) jusque chez eux et d'aller les féliciter dans leur demeure.

Il nous reste maintenant à dire quelques mots des comices tributes, les assemblées les plus démocratiques de Rome, nous contentant pour leur étude d'exposer les dissemblances qui les distinguent des comices centuriates, au point de vue du mode de votation.

Les comices tributes se réunissent, sans édit, sans prise d'augure, sur simple convocation orale du *prœco* (1) mais les règles concernant la *servatio de cœlo* et les cas d'interruption des comices leur sont applicables.

Le lieu de réunion est ordinairement le Forum ou le Capitole (2), mais sur la fin de la République, les élections avaient lieu au Champ-de-Mars (3).

Les *concilia plebis* se tiennent en général les jours de *nundinœ*.

En ce qui concerne le vote et les règles qui s'y

---

(1) Liv., XXXVIII, 51.
(2) Liv., IX, 49 ; Denys, VII, 17 et 59.
(3) Denys ; VII, 58.

rattachent, tout se passe en principe comme dans les comices par centuries. L'unité de vote est ici la tribu ; dans chaque tribu les citoyens votent par tête (*viritim*). Pendant longtemps pour le vote (*vocare tribus ad suffragium*), les tribus urbaines, la Suburranne en tête, allaient les premières au scrutin, puis les autres suivaient dans un ordre déterminé, ainsi la tribu Romilia était surnommée *Quinta*. La populace de la ville votant ainsi la première avait l'avantage. Pour éviter cet inconvénient, on tira au sort la *tribus principum* et le premier votant (*princeps*) fut désigné par le Président (1).

Après la proclamation du résultat de ce premier vote, les trente-quatre tribus votent ensemble.

Le dépouillement du scrutin se fait pour les tribus dans un ordre tiré au sort (2) et la majorité absolue (18) fait la loi ; de sorte que dès qu'un candidat a obtenu les voix de dix-huit tribus, il est proclamé élu, eût-il en réalité moins de voix qu'un candidat malheureux. Notons d'ailleurs que les membres des tribus rustiques, composées de l'aristocratie patricienne et des propriétaires fonciers, avaient quoique moins nombreux que les *tribules urbani*, un droit bien supérieur, puisqu'à l'assemblée tribute, ils jouissaient des voix de trente et une tribus contre quatre seulement réservées à la plèbe urbaine.

Le Président des comices tributes jouit lui aussi de pouvoirs fort étendus, puisqu'en 446 av. J.-C. (308 U. C.) nous voyons le tribun Duilius présidant

---

(1) Liv.; IX, 49; Gell, VII (VI), 9.
(2) Denys; VII, 59 et 63.

les comices pour l'élection de nouveaux tribuns
du peuple, arrêter les suffrages après l'élection
de cinq tribuns seulement et dissoudre l'assemblée (1). Pour empêcher ces élections incomplètes,
une loi Trebonia édicta : « *Ut qui plebem Roma-*
» *nam tribunos plebi rogaret, usque eo rogaret,*
» *dum decem tribunos plebi faceret.* »

On voulait ainsi assurer la libre expression des
votes du peuple.

Les comices, soit tributes, soit centuriates, peuvent ne donner aucun résultat; soit que le Président les ait interrompues volontairement, comme
il en a le pouvoir, soit que l'obstacle religieux
provenant de l'intervention des augures en ait
arrêté le cours, soit enfin que nul candidat n'ait
obtenu la majorité absolue. Dans ces divers cas,
le Président renvoie l'Assemblée (*dimittit comitia*) (2). Il fixe une nouvelle date à un jour conve-
nable, sans qu'il soit besoin d'une nouvelle convocation à moins que lui-même ne soit plus en
fonctions à l'époque fixée. Les votes incomplets
sont recommencés et c'est ainsi que Cicéron fut
jusqu'à trois fois proclamé : *prœtor primus
propter dilationem comitiarum* (3).

Toute élection des comices doit être ratifiée
par le Sénat; (*auctoritas patrum*) (4) nouvel
empiétement du patriciat sur la souveraineté
populaire.

La sanction du Sénat était d'abord indispen-

---

(1) Liv.; III, 64 et 65.
(2) Cic; *ad Att*. I, 14.
(3) Cic., *de im. Cn. Pompeii*, I, 2.
(4) Cic.; *de rep*. II, 32.

sable et le refus en était toujours possible, mais une loi Mœnia de 285 av. J.-C. (469 U. C.), ordonna de rédiger à l'avance et sans refus possible le sénatus-consulte d'approbation (1). Ce ne fut plus dès lors qu'une vaine formalité; aussi bien, par respect pour les anciennes coutumes, les magistrats, devant trente licteurs représentant les curies absentes, allaient prendre l'*imperium* et recevoir les augures.

Le peuple avait encore ici vaincu l'aristocratie, sans révolution et en paraissant respecter les vieilles coutumes.

Nous connaissons maintenant en son ensemble le système de vote des Romains, mais il convient de remarquer qu'au fond et en principe du moins, les pouvoirs émanent moins du peuple que du magistrat qui préside et qui crée en quelque sorte son successeur.

Toutes les précautions sont bien prises d'ailleurs pour éviter l'influence populaire et si avec ce système ingénieux, bien que compliqué et subtil, les Romains n'eu rent pas toujours d'excellents choix dans leurs élections, la faute en est à une brigue effrénée qui dénaturait les meilleures institutions et qu'il nous reste maintenant à étudier succinctement pour connaître la scène électorale à Rome.

---

(1) Liv.; I, 17.

CHAPITRE VIII

Le nouveau magistrat est proclamé élu, de toute
part le peuple s'écoule du Champ-de-Mars, rega-
gnant ses demeures et commentant l'élection.
L'heureux candidat qu'ont favorisé les suffrages
populaires en est-il enfin au bout de ses peines?
a-t-il terminé en ce jour avec les multiples soucis
qui l'assaillent depuis de longs mois? Il n'en est
rien, son succès lui-même ne peut parfois que sus-
citer de nouvelles attaques, des épreuves à courir,
des dangers à braver. La lutte sans merci que
depuis deux ans soutenaient contre lui ses adversaires, ne s'éteindra pas du jour où le candidat a
triomphé au scrutin et comme on le pense bien,
les adversaires ne désarmeront que de l'instant où
tout espoir sera définitivement perdu.

Et d'ailleurs quand pendant des jours et des

jours, on s'est donné tant de mal, on a soutenu cet effrayant combat où sombrent les fortunes et les énergies qui s'appelle la lutte électorale, on ne se résigne pas du premier coup à la défaite. De la meilleure foi du monde, tout candidat qui n'a pas réussi dans une élection, s'étonne toujours de son échec, c'est pour lui chose incompréhensible qu'un autre l'ait emporté sur lui et entraîné par l'orgueil, il va chercher pour expliquer ce qui souvent s'explique tout seul, les raisons les plus extraordinaires. La solution la plus consolante pour l'amour-propre est que le rival heureux ne doit son succès qu'à la fraude, qu'il a corrompu les électeurs et acheté leur vote. Aussitôt les candidats malheureux d'essayer d'étayer leur hypothèse, d'étudier, avec une malveillance perspicace, tous les actes de nature à vicier l'élection; ils mettent les curieux en campagne, font parler les bavards, excitent les envieux, interrogent tous ceux qu'ils croient avoir des motifs de se plaindre du nouvel élu. Pour peu que ce dernier ait prêté le flanc à la critique, les témoignages se recueillent facilement et dès qu'ils sont suffisants, l'accusation de brigue est lancée. Dès lors on peut espérer; les juges se laisseront peut-être persuader que l'élection est viciée, le vote sera annulé et la campagne électorale à recommencer.

Les écrits de Cicéron vont encore ici nous montrer le tableau d'une élection attaquée par jalousie et haine sous couleur d'une accusation de brigue, dans un moment où la République romaine se trouvait déjà bien corrompue.

Muréna avait été désigné consul dans les comices tenues en 64 av. J.-C. sous le consulat de Cicéron, à l'époque où les cabales de Catilina commençaient à agiter Rome et l'Italie et à menacer l'édifice social d'un bouleversement profond.

Catilina s'était mis sur les rangs pour briguer le consulat; après avoir échoué l'année précédente devant le mérite de Cicéron (1), il espérait cette fois avoir raison de Muréna qu'il dédaignait (2), et aussi de Servius Sulpicius, autre candidat, célèbre jurisconsulte, mais peu populaire et qu'il comptait à peine comme un compétiteur.

Catilina remplissait la ville de terreur. Escorté d'une cohorte de jeunes gens perdus de vices, ses gardes du corps, entouré de délateurs et de sicaires (3) enflé en quelque sorte de l'appui qu'il espérait trouver parmi les soldats, et de l'appui que lui avait promis Antoine, collègue de Cicéron au consulat, il traînait à sa suite une armée de colons d'Arrétium et de Fésules, une tourbe confuse de citoyens victimes des désastres qui avaient marqué la sanglante dictature de Sylla, tous respirant le meurtre, la fureur et la vengeance.

Catilina n'avait pas craint de faire appel aux souffrances publiques, aux revendications sociales et dans une assemblée tenue chez lui, il avait dit que les malheureux ne pouvaient être protégés que par un homme malheureux lui-même; que les gens blessés dans leurs intérêts les plus légitimes et réduits à la misère, ne devaient avoir

---

(1) Cic., *pro Mur*, VIII.
(2) Cic., *pro Mur*, XXIV.
(3) Cic., *pro Mur*, XXIV et *pro Sylla*, XXIV et XXV.

aucune confiance dans les riches ; que quiconque voulait réparer ses pertes et recouvrer ses biens usurpés, ne devait marcher que sous les drapeaux d'un chef qui comme lui n'avait que des dettes, de l'audace et du courage.

On pense si ces redoutables discours trouvaient de l'écho dans cette Rome, pleine de gens habitués à vivre de l'émeute et n'ayant rien à perdre. Aussi Cicéron jugea-t-il la situatien assez grave pour retarder les comices, afin d'appeler le Sénat à délibérer sur la situation. Catilina paya d'audace ; interpellé par le consul, il ne condescendit même pas à se justifier et, jetant le masque, il s'écria « que la République avait deux corps, l'un débile » avec une tête faible, l'autre robuste, mais sans » tête ; qu'il voulait lui en servir et lui dévouer sa » vie » (1). Puis s'élançant joyeux et triomphant hors du Sénat consterné, il ne craignit pas de répondre à Caton qui le menaçait des tribunaux, que si on allumait contre lui l'incendie, il l'éteindrait non avec de l'eau, mais avec des ruines (1).

On comprend que dans ces circonstances l'élection de Catilina eût été une véritable calamité, le signal de toutes les violences et de toutes les tyrannies, et que les honnêtes gens cherchaient de toutes leurs forces à écarter de la ville un si redoutable fléau.

Muréna était le candidat de Cicéron, l'homme du parti modéré ; il se présentait avec l'appui d'un grand nom, avec le lustre de services rendus, de grandes charges exercées. Quand il avait dû reve-

______

(1) Cic., *pro Mur.*, XXV.

nir de sa province pour demander le consulat, une foule nombreuse avait été au devant de lui ; dans cet immense concours de citoyens, on comptait la Compagnie de la ferme des impôts, beaucoup de chevaliers, les clients, les voisins, la tribu de Muréna, l'armée entière de Lucullus où il avait servi et qui se trouvait alors dans la ville pour le triomphe de son chef (1) ; il s'y joignait tous les personnages officieux et prévenants qui ne souffraient pas qu'une illustration quelconque entrât dans Rome sans venir lui faire honneur.

Muréna qui avait failli échouer à la préture, parce qu'il n'avait pas donné les jeux qu'on attendait de lui (2), avait cette fois ravi la multitude par la magnificence de ses spectacles, et en sa faveur les voix étaient bien disposées (3). Ce n'était pas à dire pour cela qu'il avait négligé les moyens ordinaires de candidature que Q. Cicéron décrit si savamment ; les repas, les places louées au cirque, l'affluence des visiteurs, les escortes assidues, les services que le menu peuple paie de ses suffrages, parce qu'il n'a pas d'autre monnaie, suffrages que l'on ne pouvait pas dire achetés au sens exact du mot, mais qui étaient donnés en échange d'un patronage et dont le commerce était toléré sous le nom de bons offices (4).

Muréna se trouvant donc soutenu par un parti considérable ; son nom était environné de l'estime publique ; les soldats qui peuvent, tant par leur

---

(1) Cic.; *pro Mur.*, XVIII et XXXIII.
(2) Cic.; *pro Mur.*, XVIII.
(3) Cic.; *pro Mur.*, XIX.
(4) Cic.; *pro Mur.*, XXXIV.

nombre et plus encore par l'influence de leur famille et dont les suffrages ont, nous apprend Cicéron, une autorité particulière quand il s'agit de l'élection d'un consul (1), étaient pour lui.

D'un autre côté, les espérances audacieuses de Catilina, ses revendications menaçantes faisaient se rallier autour de Muréna les citoyens honnêtes et paisibles, qui se sentaient à la fois entraînés vers un homme de bien et effrayés du succès possible d'un scélérat avéré (2).

Malgré les pronostics et les fureurs de Catilina, le bon ordre fut assuré dans les élections par l'énergie des mesures prises par Cicéron, et Muréna fut élu consul avec J. Silanius. C'était un triomphe sur l'anarchie et vaincu sur le terrain légal, il ne restait plus à Catilina qu'à conspirer; il se mit à l'œuvre, et bientôt toute l'Italie retentit des préparatifs d'une nouvelle guerre civile.

Dans cette époque troublée, dans ce moment de crise, où Rome avait tant besoin de ses deux consuls, Caton crut devoir choisir cet instant où le salut de la République était en jeu, pour porter contre Muréna une accusation de brigue. Caton, à Rome, représentait l'honnêteté, mais aussi l'honnêteté d'un esprit rétréci et chagrin, et sa maladresse se retrouvait partout. Indigné du spectacle que lui offraient les mœurs de la vie publique, il avait dit en plein Sénat qu'il poursuivrait un candidat consulaire (3), qu'il voulait faire une prompte

---

(1) Cic.; *pro Mur.*, XVIII.
(2) Cic.; *pro Mur.*, XXIV.
(3) Cic.; *pro Mur.*, XXX.

épreuve de la loi sur la brigue, portée peu de temps auparavant par Cicéron, et le voilà qui dirige ses coups sur le consul désigné dont l'élection a réjoui tous les bons citoyens et a sauvé l'Etat de l'infâme Catilina !

Caton avait pour coaccusateur un autre homme de bien, Servius Sulpicius, le candidat évincé, c'était un jurisconsulte d'un rare talent, un des premiers parmi ceux qui ont illustré la jurisprudence romaine, mais mettant plus d'art et de science à interpréter les lois qu'à solliciter les fonctions publiques.

Son honnêteté et son détachement des affaires politiques ne lui avaient pas laissé entrevoir les dangers d'une candidature comme celle de Catilina. Confiant dans son mérite, ayant conscience de sa valeur et de sa réputation, il s'était tenu tranquille trouvant mauvais que Muréna n'en fît pas autant. Négligé par les suffrages populaires, il s'était irrité contre son concurrent heureux et avait cherché des témoins et des preuves, faisant des enquêtes contre le consul des honnêtes gens, tandis que Catilina marchait la tête haute, la violence à son service, la menace à la bouche et effrayait Rome de la possibilité de sa dictature (1).

A Caton et à Sulpicius s'étaient joints deux autres accusateurs d'un renom moins illustre, prétendant que Muréna avait distribué de l'argent aux électeurs et avait intéressé à son élection les centuries de chevaliers (2).

---

(1) Cic.; *pro Mur.*, XXIV.
(2) Cic.; *pro Mur.*, XXVII.

Cicéron prit la défense de Muréna, accusé de brigue, son discours tronqué ne nous permet pas de répondre à toutes les questions que soulève un procès de brigue, mais tel qu'il est il abonde en renseignements précieux. Qu'est-il par exemple, de plus fin, de plus ingénieux, de plus spirituel, de plus charmant, de plus instructif pour les mœurs du temps que la réfutation de la morale de Caton, qui dans son exagération stoïque, s'indignait de la brigue des candidats, condamnant leurs caresses, leurs jeux, leurs spectacles et leurs festins, flétrissant les influences fondées sur les divertissements. Caton ne voulait pas que le souverain pouvoir, l'autorité suprême, le gouvernement de la République, fussent le prix de l'art de séduire et de flatter; mais Rome était ainsi faite qu'elle considérait comme venu d'un autre monde, comme parlant une langue inconnue, celui qui tenait un tel langage, à un peuple nourri d'adulations, vivant des plaisirs et du pain que lui procuraient les élections. Cicéron lui-même, un consul en exercice, un homme qui n'avait fait son chemin dans la vie publique et n'avait conquis les honneurs que par son talent et son honnêteté, ne craignait pas de lancer à Caton les traits mordants de sa verve railleuse lui demandant si les Romains pour n'être pas indifférents aux plaisirs et aux flatteries, étaient de moindre estime en son esprit que ces Lacédémoniens qui prenaient leur repas assis sur le tronc d'un chêne, ou que ces Crétois qui mangeaient toujours debout; et cependant les premiers avaient été entièrement détruits à la seule apparition des armes

romaines, les seconds redevables à la protection de Rome du maintien de leurs lois (1).

Et au surplus le sévère Caton lui-même, le
moraliste impitoyable des erreurs d'autrui, ne
payait-il pas son tribut aux erreurs de ses concitoyens? Ne cherchait-il pas lui aussi à se rendre
agréable, à capter la faveur du peuple?

N'avait-il pas à côté de lui son *nomenclator?*
« (*Quid*, dit Cicéron, *quod habes nomenclatorem,*
» *in eo quidem fallis et decipis* » (2). Et cependant
dans la stricte observation des lois, on eût dû se
passer des services de ce souffleur. Bien plus,
Caton faisait des saluts de connaissance à des
personnes qu'il ne connaissait nullement, appre-
nant leurs noms et qualités à la dernière heure,
recourant ainsi à des supercheries qu'autorisaient
sans doute les mœurs, mais que condamnaient
au fond ses idées de perfection (3).

Il est vrai que lorsque l'élection était finie, la
morale reprenait ses droits et le sévère Caton
devenait moins obséquieux. Avant l'élection, il
saluait au forum tout le monde par son nom, son
nomenclator et aussi sa mémoire patiemment
formée à ce genre d'exercice (un art si futile
pourtant pour un philosophe), lui fournissaient
sur l'heure tout ce qu'il fallait dire de gracieux et
d'à propos en rencontrant le premier citoyen venu.
Mais l'élection faite, le salut de Caton était plus
négligé et au bout de peu de jours, on ne trouvait
plus en lui que cette stoïque sérénité qui lui valait

(1) Cic.; *pro Mur.*, XXXV.
(2) Cic.; *pro Mur.*, XXXVI.
(3) Cic.; *pro Mur.*, XXXVI.

malgré tout l'estime de ses concitoyens.

Devant le talent de Cicéron et malgré l'autorité de ses accusateurs, Muréna fut absous sans aucune délibération (1).

Il eut fallu jouer du malheur pour être condamné, car après tout, Rome n'était pas un idéal philosophique, et avait cessé d'être cette cité austère que vantaient les prôneurs du temps passé.

Autrefois la vertu seule et sans l'intrigue avait peut-être régné assez souverainement pour élever les hommes au rang de leurs mérites, les siècles nouveaux avaient rempli de tous les vices, bouleversé de leurs funestes agitations, l'ordre de ces temps heureux. En vivant au milieu des brouillons et des démagogues sans scrupules, on était comme engagé à retourner contre eux leurs manœuvres familières, sauf à les mitiger par quelque respect de la décence publique. On transigeait avec la brigue pour la forcer à transiger elle-même avec l'honnêteté et la pudeur. Aussi bien, dans l'intérêt même des bonnes mœurs, ne fallait-il pas lutter à armes égales contre ceux qui se présentaient comme candidats et fauteurs de désordre ? Pour maintenir à Rome un reste des antiques vertus, il était nécessaire de descendre jusqu'au niveau des passions les plus viles et de les combattre sur leur propre terrain. C'est en s'inspirant de ces idées qu'en 61 av. J.-C., Caton, le sévère Caton, voyant que César allait être élu, voulut au moins qu'il le fût avec une de ses créatures, avec Bibulus, et pour assurer l'élection de son candidat, il dé-

---

(1) Cic.; *pro Flacco.*, XXXIX.

clara que pour cette fois on pouvait puiser dans les coffres de la République pour faire des largesses (1). Le sacrifice de Caton et l'élection de Bibulus n'eurent d'autre résultat que ce dernier déclara fériés tous les jours de son consulat pour entacher d'illégalité les actes de son collègue, mais les croyances étaient usées et cette opposition, au nom des vieilles religions, ne fit que faire sourire.

C'était en vain que l'aristocratie s'était cotisée contre César et que pour une fois Caton avait sacrifié les moyens à la fin, un courant irrésistible entraînait la République vers le soldat vainqueur, vers la dictature, vers l'Empire.

Quant au plus grand nombre des ambitieux, leurs machinations dédaignaient le masque et la précaution. Rome, à leurs yeux, était cette ville à vendre que Jugurtha avait condamnée à périr et elle ne valait certes pas une hypocrisie. Telle était la dégradation morale que le cynisme dans la corruption était plutôt une habitude, un usage des mœurs, qu'une note d'infamie. Pour ces candidats qui pensaient que le mal devait être traité avec le mal, c'était chose insignifiante que la compétition restée honnête, c'était tout au plus la marque d'un tempérament timide et indécis, sorte de faux milieu qui n'était ni une garantie de sagesse, ni une preuve de succès, qui abaissait l'homme et ravalait sa dignité jusqu'à de basses supplications sans pour cela lui assurer le bénéfice de son humilité.

A côté de la brigue permise, légale en quelque

---

(1) Suétone, *Cæsar*, XIX.

sorte, que nous avons précédemment étudiée, il y en avait une autre à l'usage des intrigants sans scrupules, brigue plus dangereuse et plus fréquente et dont l'apparition fut le signe certain de la disparition des comices et de la chute de la République. Ce n'était plus seulement par des caresses et des flatteries que l'on gagnait alors le peuple, mais bien aussi par de l'argent. On s'était longtemps contenté de lui plaire en le priant et en le suppliant, en se faisant humble devant lui, mais sur la fin de la République, il fallait le payer, marchander les suffrages et mettre l'or au service des sollicitations des candidats (1). Les riches répandaient la corruption, épuisant leur patrimoine en libéralités, achetant telle ou telle tribu (2), constituant à leur profit des partisans salariés (3), se faisant précéder ou suivre d'une tourbe de mercenaires. Si on allait au devant d'eux, ce n'était pas pour leur faire honneur, mais pour gagner un prix stipulé ; si on leur faisait cortége, c'était parce que ce service avait été loué.

Le taux de l'argent, chose incroyable, montait à l'époque des élections, les candidats empruntant à tous prix et prenant de toutes mains, faisaient devenir rares les capitaux, et le taux de l'intérêt se doublait presque, tellement l'argent était nécessaire pour appuyer les candidatures, tellement les comices étaient souillées par la vénalité (4).

Et cependant de combien de gains s'augmentait

---

(1) Cic., *pro Planc*, XVIII ; *pro Mur*, XXXV.
(2) Cic., *pro Planc*, XVII.
(3) Cic., *pro Planc*, XXII.
(4) Cic., *de pet.*, *cons.*, XIV.

cette masse de capitaux empruntés ! On y joignait le fruit des dilapidations des provinces, tenues en réserve pour acheter les suffrages. On voyait Verrés combattant la candidature de Cicéron à l'édilité, disséminer des distributeurs dans toutes les tribus, porteurs de corbeilles pleines de l'argent volé à la Sicile et jetant l'or à grands flots parmi le peuple, et cet homme, puissant par ses richesses, parcourait les tribus escorté de son fils et de ses satellites, et pressait ses agents dans l'accomplissement de leur œuvre de subornation.

C'était aussi l'époque où Catilina briguait le consulat après avoir mis l'Afrique au pillage ; le Sénat, assailli de plaintes, biffa, dans un accès d'indignation, son nom sur la liste des candidats. Clodius, en 65 av. J.-C., prit l'initiative d'une poursuite contre cet effronté concussionnaire, et si Catilina fut acquitté, c'est que tout le produit de ses déprédations avait passé dans la poche de ses juges.

A Rome, tout était à vendre, suffrages, fonctions, jugements, l'accusation de concussion n'était qu'un moyen d'aboutir, et nullement l'indignation d'une honnêteté révoltée. Ce même Clodius, qui attaquait Catilina, fut plus tard accusé de sacrilège, les juges réclamèrent une garde ; comme ils acquittèrent, ayant été payés par Crassus, on leur demanda si ils s'étaient fait garder pour sauver leur argent. Ce même Crassus, enrichi par la guerre civile, soudoyait une partie du Sénat ; et à la même époque, Caton ne pouvait trouver de préteur pour accuser de brigue Gabinius, un ami de Pompée.

Les largesses des candidats au consulat ne connaissaient pas de bornes, deux candidats, Memmius et Domitius, s'engagèrent à payer aux consuls en charge, 400,000 sesterces sous la condition d'être désignés consuls pour l'année suivante, d'autres promettaient des pensions viagères aux tribus ; l'or coûtait peu, d'ailleurs, à acquérir, puisqu'on voit un proconsul voler cent millions de drachmes aux Syriens, César vendre 6,000 talents l'alliance de Rome au roi d'Egypte.

Il est vrai que ce même César qui achetait *ingenti mercede* le tribun Curion élu par ses adversaires et qui payait 1,500 talents la défection du consul Paullus, fit aggraver par sa fameuse loi de *Pecuniis repetundis*, les peines portées contre les concussionnaires, déclarés dorénavant incapables de siéger au Sénat et de paraître en justice comme accusateurs et comme témoins. Inutile comédie ! tout continua à se peser au poids de l'or, et le tableau de la corruption romaine est, à cette époque, celui de la société romaine.

Le peuple vendait son vote et vivait du prix qu'on lui en donnait : rien n'est plus curieux que de voir de quelle manière ce trafic était organisé. Le peuple romain, qui avait le génie du gouvernement, l'instinct de la réglementation, voulait tout organiser, le mal comme le bien, et pour fomenter le désordre même, il prenait l'apparence de l'ordre. Peu à peu on avait établi une entreprise avouée, une administration régulière pour cette chose honteuse qui s'appelle la corruption électorale. Ceux, et ils étaient nombreux, qui savaient l'art de la brigue, avaient vite reconnu qu'il ne fallait pas,

dans un pays où tout le monde, vote s'amuser à
acheter les électeurs homme par homme : c'est
perdre son temps et entrer dans un détail qui ne
finit plus. Si l'on veut marcher plus sûrement et
plus vite, il faut profiter des groupes déjà formés :
les largesses des candidats se faisaient par tribus (1); on pouvait en moins de temps corrompre
en effet beaucoup de *tribules,* qui étaient voisins
les uns des autres. Au surplus, avec l'organisation
électorale en vigueur, il valait mieux avoir pour
soi une petite majorité dans beaucoup de tribus,
que le même nombre de votants, mais répartis
sans ordre dans les tribus au hasard. Aussi Servius
Sulpicius proposa-t-il, mais en vain, de confondre
tous les suffrages et de compter chaque voix, au
lieu de prendre la tribu ou la centurie pour unité
électorale (2).

Il y avait des citoyens qui aimaient tellement la
brigue, qu'ils procuraient des tribus à leurs amis;
parfois des candidats se passaient réciproquement
des tribus (3), c'était la mise en commun des candidatures (*coitio*) dans le but d'écarter les rivaux,
association que parfois les consuls appuyaient de
leur prestige et rendaient d'autant plus redoutable (4).

Dans chaque tribu, chaque centurie, on achetait
quelques meneurs qui se chargeaient d'entraîner
le reste; ils y arrivaient d'autant plus facilement
que dans ces groupes, chacun tenait à voter en-

---

(1) Cic., *pro Mur.*, XXXIV.
(2) Cic., *pro Mur.*, XXIII,
(3) Cic., *pro Planc.*, XXII.
(4) Cic., *ad Att.*, IV, 15.

semble, à ne pas se séparer les uns des autres, et l'on subissait l'ascendant de quelques personnages importants. Enfin, des associations se formaient, non seulement pour préparer et protéger les candidatures (1), ce qui n'était pas défendu, mais pour exploiter la brigue, pour organiser la captation et infiltrer la corruption dans les tribus. Afin d'avoir à leurs ordres des hommes capables de tout, elles s'adjoïgnaient la lie du peuple et même des esclaves (2). A de telles conditions, les élections n'étaient plus qu'une bataille ou un encan.

On achetait encore ces associations appelées collèges ou sodalités, qui comptaient tant d'adhérents à Rome. On y parvenait sans trop de peine ni de dépense; les associés s'entendaient si bien entre eux qu'il suffisait en général d'en gagner un pour avoir les autres.

Parmi ces associations, les plus nombreuses et les plus connues sont les collèges de carrefour, composées de pauvres gens qui se réunissaient pour s'amuser ensemble, faire un festin modeste en plein air ou regarder quelques gladiateurs que l'on louait à bas prix. Ils ne se faisaient pas payer cher et rendaient beaucoup de services. Un candidat pouvait compter sur ces *compitalicia collegia* un jour d'émeute; ils lui fournissaient, en temps ordinaire, des mains vigoureuses pour l'applaudir au Forum, et des voix stridentes pour imposer silence à ses rivaux.

Les associations ouvrières (*collegia opificum*) se jetaient aussi dans la mêlée électorale.

(1) Cic., *de pet Cons.*, V.
(2) Cic.; *In Pisonem.*, IV.

On fit plus, il y eut des gens qu'on chargea de faire une sorte de recensement général du peuple (*descriptio populi*). Les citoyens qui voulaient vendre leurs votes se faisaient inscrire par eux ; ceux-ci les dénombraient, en formaient des groupes, subordonnés entre eux, avec des chefs qui menaient les autres et qui étaient à la dévotion du candidat ; c'est ce qu'on appelait *decuriare et centuriare urbem*. Il y avait donc deux gouvernements : l'un occulte, l'autre officiel, fonctionnant l'un en face de l'autre et à peu près de la même façon. Les citoyens étaient divisés en classes pour aller voter au Champ-de-Mars et en centuries et décuries pour se laisser plus facilement corrompre : les *decuriati* qui n'étaient au fond que la lie du peuple, obéissaient à des fonctionnaires importants, véritable état-major de l'armée de la brigue, comme les *interpretes*, chargés des négociations entre les candidats et les associations.

Il y avait encore des mandataires en titre appelés *divisores*, dont la mission était de faire parvenir publiquement aux mains du peuple la rançon de ses votes (1). Ils faisaient un vilain métier, vil et fort mal vu (2), mais comme on ne pouvait pas se passer de leurs services, les plus grands personnages les protégeaient et l'on pouvait voir sans trop de surprise, les consuls recevoir chez eux tous les *divisores* de Rome. Chaque tribu avait son *divisor* qui distribuait l'argent des candidats aux diverses magistratures. D'ailleurs originairement les *divisores* n'avaient pas été institués pour

____

(1) Cic., *pro Planc.*, XIX et XXIII.
(2) Cic.; *ad Att.*; I, 18.

cet odieux métier et leur profession était avouée, presque légale : leur véritable office était de répartir les largesses permises que les généraux victorieux faisaient au peuple (*congiaria*) (1), les legs d'argent que lui faisaient d'opulents citoyens, comme César qui légua 300 sesterces à chaque citoyen (2); et aussi de distribuer les dons qui accompagnaient d'ordinaire les somptueuses funérailles.

Avec le temps, la corruption avait enrôlé les *divisores* sous son drapeau, ils s'étaient fait les suppôts méprisables des riches candidats qui voulaient arriver par la vénalité et ils colportaient leurs sacs d'argent et leurs bonnes paroles. Ils allaient jusqu'à se faire entrepreneurs d'élections et garantissaient le succès contre une certaine somme d'argent déposée à l'avance (3).

C'est qu'en effet tous ces gens-là, on le comprend, se méfiaient les uns des autres non sans raison et prenaient leurs précautions pour ne pas être dupés. Les *divisores* ne commençaient leurs opérations que lorsque le candidat avait tiré de sa bourse la somme convenue et de son côté, le candidat exigeait qu'elle ne fût pas remise aux électeurs avant le vote. Pour tourner la difficulté on déposait la somme chez une personne riche et connue, à laquelle on donnait le nom de *sequester* et qui en répondait. C'était chez lui, parfois chez le candidat lui-même (4), que les

---

(1) Liv. XXXVII, 57.
(2) Suet *Cæsar*, LXXX III.
(3) Cic., *In Verrem*, *Actio prima*, VIII.
(4) Cic.; *ad Att.*, IV, 16.

divisores venaient chercher l'argent qu'ils répartissaient par tribus pour les distribuer ensuite.

C'est par de tels moyens qu'un Verrés était parvenu à faire élire consuls Hortensius et Q. Métellus, ses partisans et de plus un préteur M. Métellus également dévoué à ses intérêts. C'est à ce jeu que Milon avait dévoré trois patrimoines pour subvenir aux frais de son élection au consulat.

Les sommes dépensées étaient d'une valeur variable avec les difficultés de l'entreprise, mais toujours très considérables. Cicéron raconte que Clodius ayant reçu à titre de *sequester* l'argent d'un candidat, ne craignit pas de se l'approprier au prix d'un crime en assassinant chez lui les *divisores* de toutes les tribus (1). Rappelons encore l'élection d'Afranius, ce lieutenant de Pompée qui n'avait d'autre mérite que celui de bien danser. Pour assurer son élection au consulat, Pompée usa du moyen de Philippe de Macédoine qui disait qu'il ne connaissait pas de place imprenable si l'on pouvait y faire entrer un âne chargé d'or. Pompée distribua donc ouvertement l'or dans ses jardins et le consul Pison, voulant lui être agréable, ouvrit aussi chez lui un bureau de distribution. En vain Caton et Domitius firent rendre par le Sénat deux décrets, l'un permettant de perquisitionner chez les magistrats, l'autre déclarant ennemis publics, ceux chez qui l'on aurait trouvé des distributeurs d'argent. En vain, l'élection fut renvoyée et dans l'intervalle le tribun Lurco proposa une loi condamnant

---

(1) Cic., *de Aurusp. resp.*, 20, 42.

tous ceux qui auraient donné de l'argent pour les
élections à payer par an et leur vie durant
300,000 sesterces à chaque tribu (1). Afranius fut
élu et son incapacité était telle que Cicéron disait
qu'il ne savait même pas la valeur de ce qu'il
avait acheté (2). Qu'importait la rude opposition
de Caton à ces *decuriati* qu'avait attiré la promesse de l'or, qui manœuvraient avec ensemble,
et qui, satellites obligeants, avaient aussi leur
utilité quand il fallait dominer les élections par la
violence, sachant à la fois se battre et voter (3).

D'ailleurs le peuple, nous l'avons dit, se faisait
complice de la brigue, ayant pris une si grande
habitude de ces largesses électorales qu'il les considérait comme un de ses revenus annuels et une
dette des candidats. C'est pourquoi Auguste tout
en portant contre la brigue des peines sévères,
faisait le jour des élections, distribuer mille sesterces aux citoyens des tribus Fabia et Scaptia
auxquelles il appartenait, afin qu'ils n'eussent rien
à demander aux candidats (4), et ne les excitas-
sent pas à violer les lois.

Au milieu de tous ces méfaits, on se demande
ce que la justice était devenue à Rome ? Elle avait
subi le sort de l'honnêteté, de la pudeur, de l'a-
mour du bien public. Il y avait bien des tribunaux,
plutôt pour absoudre que pour punir, et ceux qui
étaient assez riches pour se faire élire étaient
presque toujours assez puissants pour se faire

(1) Cic., *ad Att*. I, 16.
(2) Cic., *ad Att*.; I, 19.
(3) Cic,; *pro Sexto*, XV.
(4) Suet., *Oct*., XL.

acquitter. Les lois ne manquaient pourtant pas contre la brigue et leur nombre même ne fait que prouver leur impuissance.

La plus ancienne disposition que l'on trouve contre la brigue est la loi Pinaria, 431 av. J.-C. (323 U. C.), loi rendue dans l'intérêt de l'aristocratie, pour la protéger contre l'ambition de la plèbe, et défendant aux candidats de se revêtir de vêtements blancs (*toga candida*) pour postuler les suffrages du peuple (1).

Encore portée par les patriciens contre les tentatives des plébéiens pour conquérir et conserver les honneurs et dignités dans leurs familles, la loi Pœtalia rendue en 358 av. J.-C. (394 U. C.), sous le consulat de C. Fabius et de C. Plautius, sur la proposition d'un tribun du peuple, voulut arrêter l'ambition des hommes nouveaux en leur défendant de parcourir les foires et marchés (*nundinœ conciliabula*) pour capter la faveur populaire (2). Manœuvre de parti, cette loi s'évanouit rapidement.

Notons encore les lois Bœbia Æmilia et Cornélia Fulvia, rendues à la fin du sixième siècle, et qui montrent que la brigue commençait à devenir un sujet de préoccupations pour tous (3).

Sans doute déjà en 320 av. J.-C., le dictateur Cn. Mœnius avait proféré des menaces contre les menées et les coalitions tendant à surprendre les comices (4) mais les mœurs protestaient encore

(1) Liv. V, 25.
(2) Liv.; VII, 15.
(3) Liv.; XL, 19.
(4) Liv., IX, 26.

contre la corruption des suffrages, et si à Carthage, dit Polybe (Histoire, VI, fragm. 10) les votes s'achetaient à force de largesses et de présents, c'était à Rome un crime passible de la peine capitale que d'y prétendre par les mêmes moyens. — Pline cite à ce propos, un certain Q. Coponius qui n'est pas autrement connu, et qui fut condamné comme coupable de brigue, parce qu'il avait donné une amphore de vin à un citoyen qui lui avait accordé son suffrage (1).

Au VIIme siècle, au contraire, on entre à pleines voiles dans le domaine de la corruption et des brigues, l'innocence des temps anciens n'est plus qu'un souvenir effacé.

C'est à cette époque que se place la loi que porta Marius alors tribun du peuple, et dont nous avons déjà parlé ; en rétrécissant l'ouverture des ponts, on espérait empêcher l'inspection des bulletins de vote des citoyens et assurer la libre et secrète expression des suffrages (2). De même encore une loi Fabia essaie de limiter le nombre des partisans salariés qui escortent le candidat (3). Néanmoins on entend retentir de tous côtés les accusations de brigue : M. Æmilius Scaurus et R. Rutilius, candidats au consulat, se dénoncent réciproquement pour des achats de suffrages (4) ; Marius se voit déféré aux tribunaux pour ses brigues dans sa candidature à la préture, et pour le même méfait, Servilius Cœpio traduit en justice

---

(1) Pline, Hist. Natur., XXXV, 46.
(2) Cic., *de leg.* III, 17
(3) Cic., *pro Mur.*, XXIV.
(4) Cic., *de Orat;* II, 69.

Scaurus et Philippe, les princes du Sénat; tellement les idées de corruption électorale avaient pénétré partout dans l'Etat. Les lois sont bien faibles quand leurs auteurs sont les premiers à les violer.

Après la dictature de Sylla et le rétablissement du tribunat de la plèbe par Pompée, le tribun C. Cornélius, un honnête homme dévoué au bien public, conçut de nouveau l'idée de proposer une loi destinée à sévir par les peines les plus sévères, par le mort même, contre les corrupteurs de suffrages et les distributeurs d'argent ou *divisores* (1). Cette loi était soutenue par le peuple, mais elle était vivement combattue par les patriciens, car elle était surtout dirigée contre les nobles qui exclus du Sénat par les censeurs, cherchaient par tous les moyens à rentrer dans la carrière des honneurs. Les consuls ne voyaient pas d'un bon œil la proposition de Cornélius, car c'était la brigue qui les avait élevés.

De son côté, le Sénat était hostile à prendre en cette matière des mesures trop radicales; il voulait tenir compte des hommes et des mœurs, dont l'affaiblissement exigeait des ménagements et qu'au surplus une loi ne pouvait réformer. Malgré la décadence des antiques vertus, un renouveau d'honnêteté faisait à l'opinion publique soutenir énergiquement le tribun réformateur, et pour lui donner satisfaction, le Sénat chargea les deux consuls en charge : M. Acilius et Calpurnius Piso, de préparer une loi moins sévère, 67 av. J.-C. (687 U. C.). Cette loi se contentait de frapper d'une

----

(1) Cic., *pro Cornelio*, I.

amende et de l'inéligibilité à toujours des magistratures et du Sénat, les candidats coupables de brigue (1), le magistrat élu perdait sa charge ; mais on pouvait poursuivre le candidat même malheureux et même avant l'ouverture des comices. Les complices n'étaient pas ·punissables, sauf en ce qui concerne les *divisores*. Ceux qui dénonçaient un fait de brigue étaient récompensés et si un condamné pour brigue en faisait condamner un autre, la première condamnation était comme non avenue (2).

Les deux consuls chargés de soutenir cette loi se trouvaient dans une position difficile, car nous avons déjà dit qu'ils n'étaient parvenus au consulat qu'à force de subornations coupables.

Pison avait même été cité en justice pour rendre compte de sa conduite et il n'avait échappé à l'accusation qu'en gagnant du temps, par une suite d'ajournements. D'autre part, l'armée de la brigue, les *divisores* qui en vivaient et qui étaient fort nombreux, résistaient à force ouverte à l'adoption de la loi.

Elle passa pourtant, grâce à l'énergie du tribun Cornélius, qui devant les clameurs de la foule sur le Champ-de-Mars, ne craignit pas de forcer le consul Pison à employer la formule réservée pour les circonstances les plus extrêmes et les plus difficiles : « Que ceux qui veulent sauver la République se présentent pour adopter la loi (3) ».

---

(1) Cic., *pro Mur.*, XXIII, — Dion Cassius, XXXVI, 21.
(2) Cic., *pro Cluentio*, XXXVI ; L. § I. D. *de leg. Julia ambitu*, XLVIII, 14 et Paul Sent., V. 30, 1.
(3) Cic., *pro Cornelio*, I.

On ne tarda pas à faire usage de cette loi obtenue
au prix de si grands efforts. On était, en effet, à
une de ces époques où l'opinion publique demande
des victimes quelles qu'elles fussent, car la mesure
était comble et les violences et les meurtres dont
les candidats se rendaient coupables, non contents
de recourir aux plus scandaleuses cabales, avaient
révolté le sentiment général. L'année suivante,
66 av. J.-C. (688 U. C.) sous le consulat de M.
Æmilius Lepidus et de L. Volcatius Tullus, les
comices avaient nommés consuls désignés : P. Autronius Pœtus et L. Cornélius Sylla. Aurélius Cotta
et Manlius Torquatus portèrent une accusation de
brigue contre ces deux élus, les firent frapper d'une
amende et annuler leur double élection (1). On
pourrait croire que ce fut là une condamnation
imposée par les circonstances où on se trouvait
et salutaire à tous les points de vue; mais Cicéron
y met des restrictions, et il a bien raison, lorsque
l'on voit les accusateurs, véritables artistes eux-
mêmes en l'art de la brigue, se faire nommer
consuls à la place des deux condamnés, c'était du
reste l'esprit néfaste de la loi Cornélia que de
mettre un prix aux accusations et de faire des déla-
tions une espérance. Aussitôt les ressentiments se
firent jour et l'on vit Autronius Pœtus et Sylla
former des complots pour reconquérir par la force
ce que la justice leur avait enlevé.

Au surplus, la loi Cornélia ne resta pas longtemps
en vigueur et un sénatus-consulte ne tarda pas à
l'abroger (2).

---

(1) Salluste ; *Catil*, XVIII.
(2) Cic., *pro Cornelio*, I.

Avec Cicéron (63 av. J.-C. (631 U. C.), avec sa politique, qui échappait à la contagion ambiante et qui ne visait que le bien de la République, on revient à des idées plus sévères (1).

Une loi Tullia qui est plutôt un sénatus-consulte, vint sévir contre ceux qui achetaient les suffrages et ceux qui les vendaient. Elle ajoutait dix ans d'exil aux peines déjà portées contre les sénateurs coupables de brigue ; elle rendait passibles des peines édictées par la loi Cornélia sur la brigue divers groupes de personnes (2) : ceux au devant desquels allaient des gens salariés, ou qui se faisaient suivre d'un cortège également stipendié, ceux qui distribuaient des places gratuites aux tribus pour les jeux publics ou qui donnaient des repas à la foule.

Il était également interdit de donner des combats de gladiateurs pendant le laps de deux années (*biennium*) qu'on passait à annoncer ou à préparer sa candidature, à moins que les jeux ne fussent donné un jour déterminé et fixé par un testament qu'on était chargé d'exécuter : *Quum mea lex dilucide vetet biennio quo quis petet petiturusve sit, gladiatores dare, nisi ex testamento præstit a die* (3).

. C'étaient là des distinctions trop subtiles et si difficiles à établir que les coupables ne manquaient pas d'échapper à la répression à la faveur de l'élasticité des faits. Le génie processif des Romains avait beau jeu à discuter sur ces matières. Les avocats

(1) Cic. *pro Mur*, XIII.
(2) Cic., *pro Mur*, XXXII.
(3) Cic., *in Vaticinum*, XV ; *pro Sexto*, LXIV.

des candidats ambitieux ne manquaient pas de distinguer les partisans volontaires et gratuits avec
ceux qui vendaient leurs démarches ; les repas et
les places aux spectacles donnés à des hommes
dévoués et connus dans les tribus, quelque nombreux qu'ils fussent, avec ceux distribués indis-
tinctement à tous, en masse et sans connaître
personne des bénéficiaires (1). Seulement comment
distinguer ces nuances si délicates de la brigue,
surtout avec des candidats si habiles à pratiquer
la ruse et à colorer la fraude ? Aussi continua-t-on,
comme l'usage invétéré s'en était établi depuis de
longues années, de louer des places au cirque et
cette coutume aimée du peuple, l'emporta toujours
sur les défenses.

Cependant comme la brigue prenait toutes les
formes, la loi cherchait à l'atteindre dans ses multiples et souvent insaisissables transformations.
Nous avons déjà parlé de la loi Aufidia portée en
60 av. J.-C. par le tribun Aufidius Lurco et condamnant à payer leur vie durant une amende
annuelle aux tribus, ceux qui avaient corrompu les
élections en distribuant effectivement de l'argent
aux tribus ; les simples promesses restaient im-
punies.

En 55 av. J.-C. (99 U. C.), une loi Licinia *de
sodaliciis* chercha à atteindre les associations qui
jouaient, ainsi que nous l'avons vu, un si grand
rôle dans les élections ; elle voulut purger les
comices de ces confréries corrompues et vénales,
trainant à leur suite des gens capables de tous les

---

(1) Cic., *pro Mur*, XXXIII, XXXIV, XXXV.

forfaits, décuries de mercenaires et d'affamés (1).
Déjà, l'année précédente, le Sénat avait pris des
mesures contre ces collèges, un décret avait or-
donné que les confréries et décuries sortiraient de
Rome : *ut sodalitates decuriatique discederent.*
Une loi devait être faite pour frapper d'exil comme
coupables du crime de violence ceux qui n'auraient
pas obéi (2). C'est en vertu de ce décret que les
consuls Cn. Pompée et M. Licinius Crassus proposèrent une loi sur les associations qui réglait en
outre divers détails fort intéressants d'organisation
judiciaire. Les deux consuls, auteurs de cette
loi, avaient du reste, pour parvenir au consulat,
foulé aux pieds d'un commun accord tout sentiment
de pudeur, d'honnêteté, de liberté. Crassus n'était
pas fait pour rendre la loi recommandable, mais
elle était réclamée par le Sénat et par les gens de
bien que tant de corruption et de violence avaient
poussés à bout. Cette loi qui servit à accuser Plancius, n'empêcha pas les élections de l'année suivante d'être plus souillées que jamais; et il semble
que chaque loi portée sur la brigue, bien loin de la
réprimer en proclame plutôt un nouvel essor.

Les choses en étaient là, et en 53 av. J.-C. (701
U. C.), la République, au milieu des procès de
brigue, restait sept mois sans magistrats, lorsque
Pompée qui avait tant usé de la vénalité et de la
violence, et nommé seul consul cette année-là, fit
voter une loi Pompeia, redoublant les sévérités
des lois Calpurnia et Licinia et organisant une
procédure sommaire, un véritable tribunal révo-

---

(1) Cic., *pro Planc*, XV. XVIII.
(2) Cic., *ad Quint ; Fratr.*, II, 3.

lutionnaire. Cette loi n'était qu'un instrument de
parti; Pompée la fit exécuter avec une partialité
révoltante, emplissant Rome de la terreur de ses
légions. L'abus fut si criant qu'on vit des condamnations prononcées par des juges qui n'avaient
même pas assisté aux débats (1). Pendant qu'il
faisait condamner ceux qu'il voulait, mettant sans
scrupules la justice au service de ses passions,
Pompée faisait absoudre par la prière ou la menace ses amis dévoués. Veuf de Julie, fille de César,
il avait épousé Cornélie, fille de Scipion, et il fit
acquitter son beau-père, un des hommes les plus
compromis dans les méfaits électoraux de l'époque. C'est qu'en effet la sincérité des élections
était le moindre des soucis de Pompée; brouillé
déjà avec César, il ne travaillait qu'à se fortifier
contre lui, à organiser sous ses ordres la faction
aristocratique et à paralyser toutes les influences
rivales. Plus que jamais, les comices furent en
proie à l'oppression, seulement c'était contre César
qu'elle était dirigée; plus que jamais les candidats
devaient leur élection aux intrigues, seulement
c'étaient les amis de Pompée qui en profitaient.

Que dire maintenant de ces lois si nombreuses
dont nous venons de passer une revue sommaire?
Ne craignons pas de répéter une fois de plus que
toutes les lois qui furent portées surtout dans les
derniers temps, étaient plutôt des lois de circons-
tance et de parti que des lois de principe et de
morale. Le Sénat en provoque ou en paralyse
l'application, suivant qu'il a besoin de la brigue ou

---

(1) Cic., *ad Att.*, X, 4. — César, *de bell. civil.*, III, 1.

qu'il en redoute l'emploi. Si elles sont si rarement appliquées en face de scandaleux excès, c'est que tout le monde a intérêt à les violer : les grands pour parvenir aux honneurs, les petits pour en tirer profit.

Leur exécution même, quand par hasard elle a lieu, est un mal aussi grand que la brigue elle-même, car il n'y a là qu'un abus de la force et non une application de la justice. Inspirées par l'esprit de parti et de réaction, appliquées seulement quand l'intérêt politique le commande, elles ne sont utiles à aucun point de vue, ni pour moraliser, ni pour intimider, ni pour réprimer les excès de la brigue. Bien plus, quand sonne l'heure de les exécuter, on est étonné, soi-même, de les avoir votées ! Cicéron nous montre bien l'antagonisme qui existait entre des lois bafouées par tous et les mœurs toujours prêtes à précipiter la décadence. Cet homme, honnête après tout au milieu de la corruption générale, et qui contribua à grossir le nombre des lois portées contre la brigue, passa sa vie à détourner les accusations dont elles étaient la source.

Outre Muréna et Plancius, il défendit Q. Gallius, un entrepreneur et un directeur d'élections à forfait (1). L. Calpurnius Piso, Bestia, Sextius, Memmius Gemellus, Valerius Messala, Scaurus, Gabinus, et pourtant la plupart de ces gens-là avaient révolté les honnêtes gens par leurs criminelles largesses.

En 55 av. J.-C., il fallut remettre les élections,

---

(1) Cic., *de pet cons.* V.

tous les candidats au consulat étaient accusés de brigue. Cicéron savait bien qu'ils étaient coupables ; il consentit pourtant à les défendre pour faire plaisir à Pompée. « Vous me demanderez peut-
» être, disait-il, ce que je pourrai dire pour eux,
» je veux mourir si je le sais. » Il plaida pourtant si bien qu'il les fit absoudre. Pourquoi cette élasticité de conscience, cette contradiction entre l'auteur de la loi Tullia et le défenseur des plus infâmes corrupteurs de suffrages? C'est que la loi Tullia était bonne pour empêcher l'élection d'un ennemi tel que Catilina; elle était oubliée, quand il fallait couvrir les brigues des amis tels que Gallius ou Messala (*Messala noster*) (1) ou ce Scaurus dont la mère, épouse de Sylla en secondes noces, lui avait transmis d'immenses richesses, fruit des proscriptions (2).

Il est vrai que Cicéron, redevenant lui-même, le philosophe moraliste, écrivait à Atticus ces tristes et profondes paroles qui sont comme l'écho et la résultante de ces temps troublés : « Nous avons
» perdu non seulement ce qui faisait la force et la
» réalité des lois, mais encore jusqu'à leur appa-
» rence et à leur ombre. — Il n'y a plus de gouver-
» nement, il n'y a plus de République. »

---

(1) Cic., *ad Att.*, IV, 16.
(2) Cic., *per Sexto.*, LIV.

CONCLUSION

Après la chute de la République, nous n'avons
plus que quelques mots à ajouter pour terminer
l'histoire des comices électoraux de Rome : Déjà
Jules César avait inauguré un système mixte en
partageant avec le peuple la nomination des magistrats (1), Auguste de son côté ruina les derniers
vestiges du droit de suffrage en abusant de l'influence des recommandations et de la candidature
officielle (2). Aussi dans ses instructions écrites,
donne-t-il à son successeur le conseil de supprimer les comices qui n'étaient qu'une comédie
électorale. C'est ce que Tibère s'empressa de faire
en l'an 14 ap. J.-C. : « *Post redditum cœlo pa-*
» *trem, primum ejus operum fuit ordinatio comi-*
» *tiorum, quam manu sua scriptam divus Au-*
» *gustus scripsit* (3) ».

____

(1) Suet.; *Cæsar*. XLI.
(2) Suet.; *Aug.*, LVI.
(3) Vell., Paterc., II, 124.

Cette *ordinatio comitiorum* consista à trans-férer au sénat les droits électoraux du peuple : *e campo comitia ad patres translata sunt*. Plus tard d'ailleurs l'empereur absorba les droits du sénat et pourvut lui-même directement à la nomi-nation des magistrats.

Cette réforme venait d'ailleurs à son heure; le peuple abdiqua tranquillement sans murmures : « *neque populus adeptum jus questus est* (1) » et là comme ailleurs l'Empire s'édifia grâce à l'in-différence des Romains pour leurs vieilles libertés. Aussi Juvénal (Sat. X) constate avec mépris qu'en échange de leur droit de suffrage, les Romains se contentèrent de réclamer *panem et circenses*; et la liberté de voter leur importait si peu qu'ils ne soutinrent en aucune façon l'empereur Gaius, lorsque celui-ci essaya en 38 ap. J.-C., de revenir mais en vain au système électif (2).

Malgré la disparition des comices le crime *de ambitu* se maintint dans les lois (cf. D. XLVIII, 14, C. IX, 26), mais en prenant une signification fort étendue et en s'appliquant à toute prévarication des fonctionnaires.

Essayons maintenant de remonter à quelques généralités, qui sont connues de tout le monde, mais qu'il faut néanmoins redire, parce qu'elles se dégagent d'elles-mêmes de notre sujet et qu'el-les le synthétisent en quelque sorte.

Comme le dit Cicéron (3), la constitution ro-maine doit sa perfection à ce qu'elle ne fut ni

---

(1) Tacite, *Ann.*, I, 45,
(2) Suet., *Gaius*, 16.
(3) Cic., *de Rep.*, II, 1.

l'œuvre d'un jour, ni la création d'un homme.
Essentiellement coutumière, c'est le temps qui l'a
faite, produit des bonnes volontés de tous, bien
commun de chacun. C'est sans doute une œuvre
de lutte, mais de lutte intelligente d'éléments contraires, qui ne pouvant ni ne voulant se détruire,
ont fini en quelque sorte par s'accorder pour
contribuer au développement de la patrie commune.

Mais il ne faut pas exagérer ce caractère de
compromis entre des forces diverses, parce que
l'accord n'a jamais été parfait, ni l'unité ou la sta-
bilité politiques : une des forces a toujours dominé
les autres et imposé son caractère et son impul-
sion à l'ensemble. Cette force, c'est l'aristocratie,
qui sous tous les temps, sous tous les régimes,
sauf au Bas-Empire, a été la véritable maîtresse
de Rome, qui a mis son empreinte partout, a
contribué à sa grandeur souvent, à sa décadence
parfois, mais se montrant toujours forte et puissante.

Ce n'est pas jusqu'au droit privé qui ait subi
l'influence des idées aristocratiques. Nous n'en
voulons d'autre preuve que la savante et forte organisation de la puissance paternelle, qui annihile
si bien la personnalité des enfants devant celle du
père. Chaque famille forme une petite cité soumise
à l'autorité aristocratique du *paterfamilias* et des
anciens.

Pendant la longue domination qu'exerça l'aris-
tocratie, aussi bien sous la République que sous la
Royauté et l'Empire, aux temps de Marius et des
Gracques comme sous les Césars, elle a façonné à

son gré les mœurs, les institutions, les idées mêmes.
C'est grâce à une telle organisation, puissante dans
son arbitraire, mais forte par cela même, que Rome
put longtemps conserver ses mœurs honnêtes,
cette discipline harmonieuse et sévère qui servit si
bien une ambition toujours réfléchie et calculée et
sachant, sans impatience, attendre l'instant favorable.

Voilà le secret de son développement à la fois
régulier et spontané, de sa marche lente et persé-
vérante à travers les plus grands obstacles et qui
d'une bourgade obscure sur les bords du Tibre, a
fait la Ville dont le nom a été répété par le plus
grand nombre de bouches humaines.

Ce fut sous les coups de l'aristocratie patricienne
que tomba la royauté des Tarquins et les débuts
de la République amenèrent un gouvernement et
une législation ouvertement favorables à la noblesse. Plus tard, quand les lois lui furent devenues
contraires, elle a encore gouverné par son influence
et son autorité qne le peuple a toujours au fond
patiemment subies.

On dit parfois que la plèbe romaine n'a pu venir à
bout de l'aristocratie qu'en se suicidant elle-même et
qu'elle a dû pour sa revanche se donner un maître qui
pût vaincre l'ennemi séculaire : l'Empire serait un
gouvernement issu du triomple des idées démocratiques. Ce n'est là qu'un sophisme. Sans doute
c'est sur et par la plèbe que s'est constitué l'empire, c'est grâce aux excès de la populace que les
comices furent souillées et que la République
tomba en discrédit; mais le gouvernement des
Césars, une fois établi et reconnu, revînt bien vite

par une pente naturelle, vers les tendances aristocratiques. Le peuple se voit dépouillé de tous ses
droits électoraux et législatifs, au profit non de
l'Empereur mais du Sénat.

Dès lors, la populace romaine perd de plus en
plus toute importance politique, jusqu'à cesser
d'avoir même cette prérogative qu'elle avait toujours possédée : l'égalité devant la loi : et les
textes du Bas-Empire distinguent avec soin pour la
répression pénale les *honestiores* et les *humiliores*.
Seul le Sénat, corps aristocratique par excellence,
quoique avili et méprisé par les empereurs, continue à faire quelque figure et à s'attirer les res-
pects du monde barbare.

De nos jours, le principe aristocratique n'est guère
en honneur en tant que forme de gouvernement;
et il est plus vivement attaqué peut-être que le principe monarchique, parce qu'il est moins précis,
plus arbitraire et qu'à côté de grandes qualités, il
offre de graves défauts. L'aristocratie romaine
s'est montrée dure, impérieuse, égoïste, systéma-
tiquement rebelle à tout progrès. Les grands
hommes qui en sont sortis sont de mauvais politiques, ils n'ont en aucune façon la souplesse, l'ori-
ginalité, l'esprit d'initiative qui caractérisent les
hommes d'état grecs, mais ils ont une qualité souveraine qui leur tient lieu de tout et qui constitue
le secret de leur force : ils ne se découragent
jamais.

L'histoire a vu certes les démocraties capables,
à l'heure du danger, du plus admirable élan; mais
comme la jeunesse, au premier échec, elles se
laissent facilement abattre et ne veulent voler que

de succès en succès. Au contraire, la noblesse romaine semble puiser un nouveau courage dans ses
défaites mêmes; elle sait peu sans doute, et un
ennemi nouveau risque fort de la surprendre par
un système de guerre qu'elle ne connaît pas :
mais sans s'effrayer ni se décourager, elle étudiera
les moyens qu'on lui oppose, en saisira l'esprit et
se les appropriera. Dans cet apprentissage d'une
tactique qui lui est étrangère, l'aristocratie de Rome
ne met ni hâte, ni faiblesse, et ce génie lent et dur
a besoin de bien des semaines, de bien des mois,
pour se plier à des habitudes qui ne lui sont pas
familières. Ce sont de longs jours que Fabius Maxi-
mus met à suivre Annibal, ne le perdant jamais
de vue et étudiant sa tactique du haut des collines
inaccessibles où il établit son camp; alors seulement il comprend sa stratégie et s'instruit à l'imi-
ter; alors seulement il s'enhardit et en vient à tenir
tête victorieusement au général Carthaginois. « Je
» ne sais comment, dit Tite-Live, il se fait que
» dans les grandes entreprises nous ayons com-
» mencé par être vaincus avant de vaincre. »

Supporter la défaite sans défaillance, savoir
vaincre après avoir été vaincus, tirer plus de
parti des revers que des victoires, espérer après
chaque malheur le retour des succès, en un mot
comme le consul Varron après l'épouvantable dé-
sastre de Cannes, ne jamais désespérer de la République, voilà les vertus qui font un grand peuple
et qu'on ne trouve peut-être nulle part à un si haut
degré qu'à Rome.

Cette confiance en elle-même et en l'avenir de
la patrie, cette résistance patiente et tenace contre

les empiétements de l'étranger, cette ambition toujours en éveil de reculer les frontières de l'Etat, voilà ce dont font hommage à l'aristocratie romaine, les grands historiens ; Saint-Evremond, Bossuet, Montesquieu.

Et cependant, elle a lutté avec une énergie non moins indomptable contre les revendications populaires et les envahissements de la plèbe!

C'est dans cette lutte séculaire qu'éclatent surtout les qualités de fermeté et de persévérance qui la distinguent. L'aristocratie romaine combat sans jamais se lasser, ni céder mal à propos, son ennemi plus fort qu'elle lui a-t-il arraché quelque concession à la dernière extrémité, elle revient dès le lendemain reprendre l'attaque et par un détour habile, reconquiert en partie ce qu'elle a perdu la veille.

Toute l'histoire intérieure de Rome se résume en cette longue et patiente défense contre un adversaire non moins patient et luttant par les mêmes moyens de ruse et d'opiniâtreté.

Si haut qu'on remonte dans l'histoire de Rome, on se trouve en présence d'assemblées délibérantes qui confectionnent les lois et nomment les magistrats. De tout temps le citoyen romain (il est vrai qu'au début leur nombre était restreint) eut pour principale prérogative de participer aux affaires publiques, à l'administration de l'Etat et l'on peut penser à bon droit que les premiers habitants de la ville éternelle, ces pâtres à demi-brigands campés sur les bords du Tibre, se regardaient en élisant Romulus comme leur chef de bande, dépositaires de l'autorité souveraine, puisqu'après la mort du roi, l'assemblée du peuple redevenait la source de tous les pouvoirs et en disposait à son gré.

L'époque royale vit les curies, assemblées éminemment aristocratiques ne renfermant que des patriciens. Aussi bien patricien est alors synonyme de *civis romanus*. Les descendants de ceux qui ont fondé Rome ont seuls alors le droit de cité ; aux membres les plus anciens de la société romaine, aux fondateurs en quelque sorte de l'association et à eux seuls, sont réservés le titre de citoyen, les droits politiques et tous les avantages de la constitution, et à l'exclusion de leurs clients tenus à l'écart dans une subordination absolue, les patriciens composent le *populus Romanus Quiritium*.

Mais à côté d'eux, au pied des collines où ils demeurent, chaque jour voit arriver et s'établir de nouveaux habitants, peuples vaincus transplantés par la conquête ou italiens errants attirés par la renommée de la jeune ville. A ceux-là, les patriciens romains ne concèdent aucun droit, si ce n'est celui de vivre et le *jus commercii* dont jouissent les pérégrins est strictement nécessaire à l'existence. Ces vaincus (*dediticii*) à qui la guerre a enlevé leurs institutions propres, sans pour cela jouir du titre et des prérogatives du citoyen romain, sont exclus de la vie politique. Simplement tolérée, la plèbe n'a point accès aux curies et ne fait pas partie de la cité véritable.

L'exclusion des plébéiens ne pouvait toujours durer, chaque jour voyait s'accroître leur nombre et avec leur nombre leur importance et la force de leurs réclamations, et un jour vînt où il fallut bien leur donner satisfaction, si dure que fût cette nécessité. D'ailleurs pour accomplir de grandes destinées, Rome ne pouvait pas comme les républiques grecques s'enfermer dans un patriotisme exclusif et jaloux; sous peine de s'épuiser par ses victoires mêmes, il lui fallait combler les vides de sa population en se renouvelant sans cesse, en appelant ses voisins à elle et en essayant de retenir et de fixer ses hôtes transitoires en leur accordant des droits politiques, en les intéressant à la vie de la cité nouvelle.

Les rois favorisèrent cette évolution, inquiets des empiétements des patriciens qui devaient un jour les chasser, ils cherchèrent contre la puissance des curies un appui dans cette plèbe que les nobles affectaient de dédaigner. Déjà Tarquin l'Ancien voulait purement et simplement donner le droit de cité à toute la plèbe, c'était œuvre par trop radicale et prématurée pour réussir devant l'hostilité de l'aristocratie. Ce fut Servius Tullius qui réalisa le premier une réforme effective, en plaçant à côté des curies l'assemblée des centuries où tous votaient ensemble. L'habileté du patriciat fut comme nous l'avons vu, de se réserver une majorité prépondérante dans les nouvelles comices. Un grand pas était fait cependant, deux nouveaux éléments, la plèbe et les clients, prennent officiellement place dans l'Etat, sans doute le droit de cité est démembré, mais chacun est citoyen. Si les patriciens formant l'aristocratie de naissance restent comme sous les rois égaux entre eux et citoyens *optimo jure*, la plèbe forme une seconde classe, les *cives minuto jure*. C'est entre ces deux partis qu'éclata une lutte acharnée de deux siècles, dont nous avons eu à passer en revue quelques épisodes et que nous ne pouvons résumer ici. Aussi bien nous n'avons pas à montrer comment la première retraite du peuple sur le Mont-Sacré, amena la création du tribunat de la plèbe, la meilleure arme des plébéiens; comment les lois Licinia et Canuleia au V⁰ siècle et cent ans plus tard, les lois Publilia, Mœnia, Ogulnia, achevèrent l'égalité politique des citoyens. Qu'il nous suffise de dire que deux siècles av. J.-C., à l'époque des Gracques, le gouvernement d'aristocratique qu'il était, a pris une apparence démocratique, pour plus tard revenir avec l'Empire aux idées absolutistes.

C'est cette apparition éphémère de la démocratie à Rome que nous avons voulu surtout étudier. L'élection des magistrats est la meilleure pierre de touche pour éprouver l'état social d'un peuple. A Rome, nous avons vu les comices d'abord aristocratiques, devenir accessibles à tous et malheureusement aussi aux éléments dissolvants. Du jour où le frein du parti conservateur disparut, la vie politique devint l'apanage de l'ambition sans scrupules et le peuple en se croyant libre, ne fit que passer de la domination de l'aristocratie de naissance à celle de l'aristocratie de fortune.

La gloire de la République romaine n'en a pas moins duré de longs siècles et l'histoire de sa vie peut nous servir dans les temps modernes comme un enseignement précieux. Nous n'en voulons tirer qu'une dernière leçon : c'est que pour vivre, une démocratie doit modérer son principe et le mi-

tiger d'autres éléments et qu'un peuple qui croit
jouir d'une puissance sans limites, est en réalité
mûr pour la servitude.

TABLE DES CHAPITRES